Über dieses Buch Werner Lansburghs brillante Miniaturen aus fünfzigjährigem Exil sind der ergreifende Bericht eines deutschen Schriftstellers über den Verlust der Sprache, der Heimat, und über ihren Wiedergewinn in letzter Stunde. Der Ton ist spielerisch, heiter, sarkastisch und tiefernst zugleich, ein echter Tucholsky-Ton, wie wir ihn aus Lansburghs berühmten ›Doosie‹-Büchern kennen. In ›Strandgut Europa‹ vermenschlicht Lansburgh ein unmenschliches Kapitel europäischer Geschichte, ja vergegenwärtigt uns unsere eigene heutige Entfremdung durch die Hautnähe seines fast lebenslänglichen Exils. Das macht die bald tragische, bald komische Heimatsuche des Autors zu einem Eigenerlebnis des Lesers, zu einem Gleichnis, das Kraft gibt und Trost – und befreiendes Lächeln.

Der Autor Werner Lansburgh, geboren 1912 in Berlin, war schon als Gymnasiast Mitarbeiter des »Berliner Tageblatt« und mußte 1933 seine Heimat verlassen, weil er jüdischer Abstammung war. Als Flüchtling, mit nichts als einem wertlosen Doktorgrad und einem großen »J« in seinem deutschen Paß, suchte Lansburgh eine Bleibe in der Fremde, war Garagenarbeiter in Valencia, unfreiwilliger Spion im Spanischen Bürgerkrieg und politischer Sachberater an britischen und amerikanischen Botschaften während des Krieges. Dann, nach immer wieder gescheiterten Rückkehrversuchen in die Bundesrepublik, war er Druckereikorrektor in Uppsala, Schweden, und wurde dort mit zunehmendem Alter als arbeitsberaubter »Sozialfall« bis an den Rand der Selbstaufgabe getrieben, bis ihm in letzter Minute, nach fast fünfzigjährigem Exil, der große Erfolg seiner englisch-deutschen Lehr- und Liebesromane ›Dear Doosie‹, 1977 (Fischer Taschenbuch Bd. 2428), und ›Wiedersehen mit Doosie‹, 1980 (Fischer Taschenbuch Bd. 8033), eine gesicherte Rückkehr in seine Heimat erlaubte. Werner Lansburgh lebt heute abwechselnd in Hamburg und Uppsala.

Werner Lansburgh

Strandgut Europa

Erzählungen aus dem Exil
1933 bis heute

Mit Zeichnungen vom Verfasser

Fischer
Taschenbuch
Verlag

Ungekürzte Ausgabe
Fischer Taschenbuch 5377
Januar 1984
Fischer Taschenbuch Verlag GmbH, Frankfurt am Main
Lizenzausgabe mit freundlicher Genehmigung
der Bund-Verlag GmbH, Köln

Teile dieses Buches sind früher unter den Titel »J« erschienen

Satz: Satzbetrieb Schäper GmbH, Bonn
Druck und Bindung: Clausen & Bosse, Leck
Umschlaggestaltung: Jan Buchholz/Reni Hinsch
Printed in Germany
780-ISBN-3-596-25377-2

INHALT

Brief ohne Anschrift
1933–39

Narzissen, Dir 9
Liebe zu einer Stadt 13
Die Apfelsinenmarke 16
Der Brunnen 20
Brief ohne Anschrift 23
Kommt ein Vöglein geflogen 26
Auf einer Bank 29
Nocturno valenciano 33
Wie ist die Welt so stille 36
Die Deutschland 40
Im Feigengarten 43
Alhambra 46
Der Bäcker und seine Frau 49
Maria 51
Strandgut Europa 55

Papierkorb
1939–55

Es kommt der Tag 61
Der Wortführer 64
Papierkorb 68
Das auserwählte Volk 71
Schwer zu sagen 73
Die Postkarte 76
Mondscheinsonate 79
Hans Joachim 82
Lied ohne Worte 85
Westöstlicher Diwan 89
Heimliche Liebe 92
Eichmann II. 95
Einzug des Triumphators 98
Ihr naht euch wieder 102
Die Kachel 105
Kaspar Hauser 108

Der weiße Mond
1955–70

Der weiße Mond 113
Der Schriftsteller 116
Das Meer 119
Das Vaterunser 121
Der Repetitor 124
Der Schrankmensch 127
Der Namensvetter 130
Der Würfel 133
Der Niegrauschuh 136
Schlecht geblökt, Löwe! 140
J'accuse 143

Was trägt?
1970–79

Der Giftring 149
Sehr geehrter Herr Schröder 151
Absender Nilsson 154
Auch Baum nicht . . . 156
Charon 161
Was trägt? 165

Vier Sätze
1980

1. Allegro 171
2. Adagio 175
3. Andante 178
4. Largo 181

Heimkehr
Jetzt

Wohin Du willst 187

Jeder Mensch hat ein Exil.
Nimm meines als ein Gleichnis für deines.

Brief ohne Anschrift

1933–39

Narzissen, Dir

Albert Einstein war zu Bett gegangen, sein Haus war dunkel. Nur im Eckhaus quer gegenüber brannte noch Licht. Es war vier Uhr morgens.

Das Licht beschämte. Weinselig stand ich hier unten auf der Straße nach einer vertanzten Nacht, fummelte nach dem Hausschlüssel, und da oben, hinter dem einen erleuchteten Fenster, arbeitete Vater.

Es war ein langer Tag gewesen und eine lange Nacht. War ich betrunken oder nur benommen? Vormittags hatte ich mit Wittkowsky auf dem Franz-Josephs-Platz gestanden, vor der Berliner Uni, in der Pause zwischen Römischem Recht (Kipp) und Handelsrecht (Martin Wolff), hatte an einer Schokoladenstange herumgeknabbert (Sarotti) und plötzlich ein großes, vollbemanntes Polizeiauto vorbeifahren sehen, mit etwa zwanzig Schupos, vorn am Kühler mit einer großen Hakenkreuzfahne. Unsere Berliner Schupos mit der Hakenkreuzfahne – *»was?«* hatte ich ausgerufen und Wittkowsky angestarrt.

Wittkowsky hatte die Achseln gezuckt, weiter an seinem Butterbrot gekaut und trocken gesagt: »Du kommst wohl aus dem Mustopf.«

Wir waren Klassenkameraden gewesen, Wittkowsky und ich, und studierten jetzt beide Jura. Er war Jude, kein getaufter Jude wie ich, war Primus in der Klasse gewesen, gehörte einer roten antifaschistischen Gruppe an und hatte oft versucht, mich in seine Organisation hineinzuziehen. Aber ich hatte das nicht gewollt, wohl aus Rücksicht auf meinen Vater, der ein recht konservativer Volkswirtschaftler war; das hatte ihm die Karriere in der Weimarer Republik verdorben, er stand allein, ich wollte ihn nicht noch mehr betrüben.

Wittkowsky schmatzte weiter an seinem Butterbrot und sah dem verschwindenden Polizeiwagen nach. »Ja, jetzt ist es soweit«, sagte er. Dann, nach einer schmatzenden Pause: »Da haben viele mitgeholfen.«

Meinte er Hindenburg, von Papen, die Rüstungsindustrie? Die Bitterkeit seines Tones schien eine persönliche Spitze zu haben. Meinte er Juden, die sich hatten taufen lassen und sich so stark assimiliert hatten, daß sie fast noch konservativer und »deutscher« waren als viele Deutsche? Mehr als einmal hatte er hämisch eine Schrift Lenins zitiert, in der dieser meinen Vater als »bürgerlichen Reaktionär« bezeichnet hatte.

Wir ließen die nächste Vorlesung ausfallen und gingen schweigend die Linden hinunter, am Brandenburger Tor vorbei, dann nach rechts. Die Kuppel des Reichstags schien noch hier und dort zu schwelen, wie verkohltes Gestrüpp ragte sie gegen den grauen Himmel. Vorgestern hatte der Reichstag gebrannt.

Wir gingen in ein Tageskino, dann zu ein paar marxistisch-feministischen Studentinnen, die viel über Sigmund Freud, dialektischen Materialismus und Präventivmittel wußten, hatten getrunken und getanzt, und jetzt war es vier Uhr morgens; Wittkowsky war bei einer dieser Studentinnen geblieben, Albert Einstein war zu Bett gegangen, und dort oben brannte das Licht.

Das Treppenhaus schien so steil, war man betrunken oder nur benommen? Sollte man an Vaters Arbeitszimmer vorbeischleichen, direkt ins Bett? Ich klopfte leise an seine Tür und steckte den Kopf beschämt durch die Spalte: »Gute Nacht, Vati, arbeitest du noch?«

»Nein, nein«, sagte er, und fast als entschuldige er sich: »Bin nur früher aufgestanden, wie öfters, du weißt, es hapert manchmal mit dem Schlaf.«

Er legte den Federhalter aus der Hand, schob seine Brille hoch auf die Stirn und wandte sich zu mir um: »Hast du's nett gehabt? Ja? Gut, mein Junge, gut, man ist nur einmal jung.«

Dann stand er von seinem Schreibtisch auf und sah mich an. Ach sein Gesicht.

»Ich habe mir das ein bißchen überlegt, das mit Hitler«, sagte er. »Wie wäre es mit einer kleinen Auslandsreise? Du bist ja noch nie recht draußen gewesen, ich meine – auf längere Zeit.«

Er sah mich immer noch an. Ach sein Gesicht.

»Die Schweiz vielleicht? Lockt dich das nicht? Ein bißchen Geld haben wir ja noch, und dann wird man weitersehen –«

Ich schwieg, ich hatte getrunken und getanzt, er hatte gearbeitet.

»Ach Jungchen, wenn in Glion die Narzissen blühen, oberhalb von Montreux, am Genfer See, vielleicht noch etwas zu früh jetzt im Februar –«

Er wandte sich zum Fenster, sah hinaus wie in die Ferne, oder wollte auch nicht zeigen, daß er meine Tränen gesehen hatte, oder hatte selber Tränen, die er nicht zeigen wollte. »Wenn in Glion die Narzissen blühen«, wiederholte er, immer noch zum Fenster gewandt. »Wir Alten müssen schon hierbleiben. Fahr weg, mein gutes Jungchen, fahr weg.«

Meine Mutter begleitete mich zur Bahn, mein Vater sagte, er habe zu starke Kopfschmerzen. Von der Straße her, mit meinen Siebensachen in seinem alten großen Koffer (»Glion« stand auf einer aufgeklebten Etikette, mit Narzissen rundherum), sah ich noch einmal zu seinem Fenster hinauf, er stand regungslos dahinter. Ich winkte, er nickte nur. Ich sah ihn zum letztenmal. Er wußte es.

Narzissen, Dir.

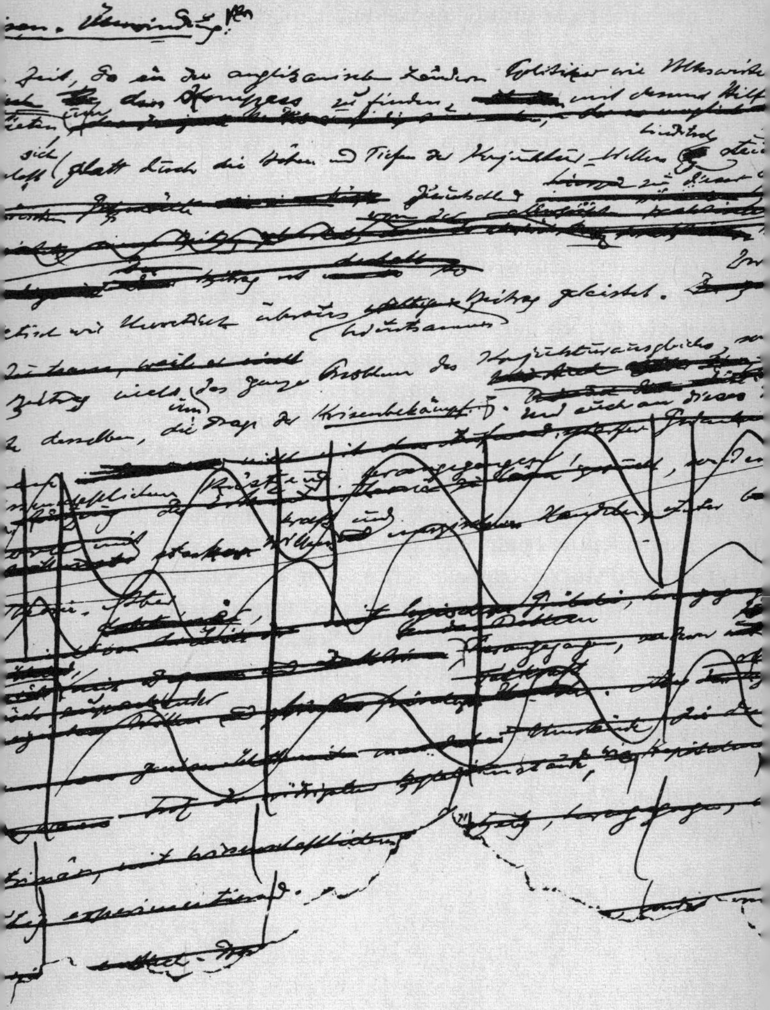

Sein letztes Manuskript, auf seinem Schreibtisch. Daneben damals ein letzter Brief, an seine Frau. Berlin, den 9. September 1937.

Auf der vierten Zeile, einsam zwischen Gestrichenem, ein zuckend verzerrtes, kaum leserliches Wort: Deutschland.

Liebe zu einer Stadt

Worte, die einem heilig sind, bedeuten oft für andere sehr wenig. Nur Dichter können Worte heiligsprechen, verbindlich für die ganze Welt, ich aber war mit meinem Wort allein. Noch nach Jahren, als Garagenarbeiter in Spanien, stieg ich mitten in der Nacht aus dem Bett, um mich zu vergewissern, ob ich sie noch hatte, die Briefmarke mit dem Spalentor – und oft nach ein paar Minuten wieder aus dem Bett, ob sie noch da war – ich glaubte mir nicht mehr, traute nicht mehr meinen Augen, konnte das Glück nicht mehr fassen, oder wagte es nicht mehr, stand nach wenigen Sekunden aufs neue auf, das Wort auf der Briefmarke mochte verschwunden, mochte von mir weggelesen worden sein oder nie dort gestanden haben: BASEL.

Herr Pfuetzli, Frau Pfuetzli und ihr kleiner fünfjähriger Sohn saßen andächtig um den Küchentisch beim Morgenkaffee, als ich hereinkam und bezahlen wollte. Es machte 9 Franken und 25 Rappen, genau die Hälfte der kleinen, niedrigen Monatsmiete. Ob ich nicht etwas mehr für mein Zimmer schulde, fragte ich, denn ich reise ja mitten im Monat ohne vorherige Kündigung ab. »Nein, das ist schon recht so«, übersetzte Herr Pfuetzli langsam und bedächtig aus seinem biederen Schwyzerdütsch ins Hochdeutsche und sah mich dabei mit einem langen Baslerblick an, als wisse er.

Aber Herr Pfuetzli konnte nicht wissen. Wie sollte er denn wissen, daß ich kein Geld mehr hatte und daß dies meine eigene Schuld war. Er konnte nicht wissen, nicht einmal interessieren konnte es ihn, daß einunddreißig, alle meine einunddreißig jüdischen Kommilitonen, die wegen Hitler gleichfalls aus Berlin in das freie schweizerdeutsche Basel geeilt waren, hier mit gewohnter Berliner Emsigkeit nach zwei oder drei Monaten ihre Doktorarbeiten zusammengeschrieben hatten und als Dr. med., jur. oder phil. nach New York oder Jerusalem weitergewandert waren, während seit heute morgen im

Müllkasten unten bei den Pfuetzlis etwa zweitausend engbeschriebene Seiten von Literaturauszügen lagen, die noch nicht einmal nach einem Jahr die erste Seite einer Doktorarbeit gezeitigt hatten.

Warum hatte man es nicht leichter nehmen können? Wie oft hatte ich mich ermahnt, die Arbeit abzuschließen, bevor unser bißchen Auslandsgeld unwiderruflich erschöpft war – lieber eine schlechte als gar keine Doktorarbeit zu schreiben, lieber zu schludern als ein Gescheiterter zu sein, die Arbeit also nicht so *tragisch* zu nehmen und den Eltern, die jetzt vor dem Nichts standen, nicht auch noch diese Sorge zu machen. (Und dennoch, Vater, ach lieber Vater, und dennoch nicht tragisch nehmen?) Dann hatte meine Mutter mit gerecktem Hals auf jene Einunddreißig gewiesen, die es doch schließlich *auch* geschafft hätten.

Dies alles konnte Herr Pfuetzli unmöglich wissen. Nun aber war das Auslandsgeld zu Ende, auf zweitausend Seiten im Müllkasten war es verbraucht, die Basler Polizei war streng: kein Geld, kein Aufenthalt.

Leise schloß der verlorene Sohn nach beglichener Miete die Küchentür hinter der Familie Pfuetzli. Er ging die Heinrichsgasse hinab, war jetzt beim Spalentor. »Ach, daß wir unser geliebtes Jesuskindlein leibhaftig in unserem Basel haben«, hatte vor fünfhundert Jahren der Bischof von Basel gejauchzt, wie ein Kind in die Hände geklatscht und schließlich vor Rührung geweint: Ganz klein im tiefen blauen Hintergrund des Stalles von Bethlehem, ölfeucht noch von den Pinselstrichen des Meisters Konrad Witz, stand klar und deutlich, etwa einen halben Zoll hoch, das Spalentor zu Basel.

Durchs Spalentor hindurch, den Petersgraben hinab, nur ein paar Schritte noch zur Universität. Warum, warum hatte ich versagt, warum eine lächerliche Doktorarbeit, eine reine Formsache, so ernst genommen, so verpflichtend ernst wie diese ernste, diese übermächtig starke, diese – diese geliebte Stadt. Warum hatte ich mich noch der letzten, der akademischen, Mitbürgerschaft beraubt, mich mutwillig zu einem doppelten Flüchtling gemacht? Hier war Heimat. War denn dieses Wort zu schwer für mich geworden?

Die Universitätskanzlei war geöffnet. Der alte Universitätspedell, der mit dem Vollbart, bat um meine Studentenkarte. Er zerriß sie und schob ein Stück davon, mein Photo, wie einen abgeschlagenen Kopf über die Theke: »Das ist Ihr Eigentum«, sagte er rechtschaffen und bedächtig, Silbe für Silbe langsam ins Hochdeutsch hinein, »ich wünsche Ihnen eine gute Reise.«

Als der Zug still über die Rheinbrücke glitt, dem spanischen Auswanderungsziel entgegen, glühte noch einmal in der Ferne das Spalentor zu Basel groß und mächtig auf, etwa einen halben Zoll hoch, so hoch und groß wie in jener Heiligen Nacht des Konrad Witz, oder wie später auf einer Briefmarke, die durch einen rostigen, gottverlassenen Briefkastenschlitz eines schmutzigen, gottverlassenen Hinterhauses in Spanien kam. Ich erhob mich von der Holzbank des Zuges und stand lange und ehrerbietig still, bis das Spalentor in der Ferne versunken war und der Zug in einen Grenzvorort einlief, wo man kein Deutsch mehr sprach.

Die Apfelsinenmarke

Don Gregorio, ein kleiner spanischer Grande in Valencia, dessen giftgrünes Auto ich chauffierte und vor allem wusch, besaß viele jener Apfelsinenplantagen, für die Valencia so bekannt ist. Vor allem aber hatte er einen sehr tüchtigen Generalagenten in Hamburg, einen Herrn Seiff, der als Eigentümer eines großen, bis vor kurzem jüdischen Handelshauses der Firma Don Gregorios den Löwenanteil an Hitlers Apfelsinenimportlizenzen sicherte. Es war eine reine Freude, die vielen Boote mit Don Gregorios Blaukreuz-Orangen jeden Donnerstag morgen aus dem malerischen, halbmondrunden Hafen Valencias nach Hamburg abdampfen zu sehen.

Als das grüne Auto Don Gregorios aufgrund eines Materialfehlers bis auf weiteres nicht mehr chauffiert werden konnte, versuchte Don Gregorio, mich für die paar Peseten, die er mein Gehalt nannte, anderweitig zu beschäftigen. Und da er mit den von mir vor einiger Zeit freiwillig in schön goldsilbernen Lettern an seine Wagentür gemalten Initialen seiner selbst und seiner Gattin Doña Carmen überaus zufrieden gewesen war, gab er mir den Auftrag, es mit einer schönen Zeichnung seiner Apfelsinenmarke für den deutschen Markt zu versuchen, einem wirklich *magnífico* und *grandioso* Emblem, wie er sagte, mit dem spanischen Wappen, weiter einem großen blauen Kreuz und vor allem einem *superlativo* deutschen Text.

Verzweifelt, als gälte es die Chance meines Lebens, zeichnete ich Tag und Nacht an Don Gregorios Marke: das spanische Wappen mit den vier heraldisch recht verzwickten Feldern, der mächtigen Bürgerkrone über dem Ganzen, rundherum wie eine Gloriole den *superlativo* Text, und mittendrin das große blaue Kreuz. Das war für einen blutigen Anfänger nicht so einfach. Auch hatte ich das spanische Wappen nur auf einem küchenöligen Zahnstocherpaket meiner Zimmerwirtin als Vorlage, und jeder Buchstabe der Textgloriole mußte kalligraphisch aufs peinlichste ausgewogen sein: BLAU KREUZ, *ganz volle, ausgewählte Früchte, extra extra* usw., genau in zirkelrundem Strahlenkranz ums Wappen herum, lückenlos. Wie schwer doch Buchstaben zu zeichnen sind! Das Z in »KREUZ« zum Beispiel – die ganze Nacht hindurch hatte ich daran herumgeschustert, ich hatte es immer wieder ausradiert und überklebt, es war mittlerweile zu einem kleinen Papierberg angewachsen.

Don Gregorio war mit dem Resultat durchaus zufrieden, und ich selber fand es auch nicht schlecht – »saubere Arbeit«, sagte ich mir, »fast professionell«, und war stolz auf mich. Don Gregorio ließ denn auch die Marke unmittelbar in vier Farben plus Gold auf feinstem Apfelsinenpapier drucken und schickte dem Herrn Seiff, seinem Generalagenten in Hamburg, ein paar Abdrucke. Mit schwellender Brust trug ich den Brief zur Post, denn Don Gregorio hatte mir gesagt, wohl als einen kleinen Ansporn, er habe seinem Generalagenten in diesem Brief auch den Namen des Künstlers angegeben. Herr Seiff war ja schließlich ein wichtiger Mann, auch hatte ich bei seinen geschäftlichen Besuchen in Valencia des öfteren beim Chauffieren gedolmetscht, er war von meinem fließenden Deutsch sehr beeindruckt gewesen, auf jeden Fall bis er erfuhr, daß es aus Deutschland kam. (»Ach so«, hatte er gesagt und war fortan etwas reservierter gewesen, als habe er hinter meinem spanischen Aussehen plötzlich das jüdische entdeckt – aber vielleicht redete man sich das auch nur ein.) Jetzt würde er sehen, daß man auch etwas anderes konnte, jawohl.

Die Antwort aus Hamburg war sehr kühl. Herr Seiff teilte dem Don Gregorio mit, die Marke sei für den deutschen Markt nicht geeignet; die Bürgerkrone des Wappens zum Beispiel sei keineswegs der Zinnenkranz einer spanischen Burg, sondern eher »eine Art Spelunke mit schlüpfrigen Rundbogen«, die an einen assyrischen Tempel oder an eine semitische Klagemauer erinnere oder, wenn er, Herr Seiff, ganz offen sein solle, an eine Synagoge; und das ginge natürlich nicht.

Don Gregorio las mir den Brief tonlos vor und sprach dann eine ganze Woche lang nicht mehr mit mir, ließ mich auch nicht den inzwischen reparierten Wagen waschen: Der Vierfarbendruck plus Gold auf 250 000 Seidenpapieren für ebensoviele Apfelsinen hatte viel Geld gekostet. Doña Carmen, seine Gattin, holte den Wagen (den ich heimlich doch noch ganz schnell gesäubert hatte) grußlos aus der Garage und chauffierte ihn selber.

So saß ich denn in meinem fensterlosen Hinterzimmer, nahm mir mein Apfelsinenseidenpapier mit meiner Marke vor und suchte Trost und Rehabilitation bei ihm wie bei einem alten treuen Freund, der da sagt: Du kannst was, dir kann die Welt nichts anhaben, Kopf hoch! Aber das Apfelsinenpapier schwieg, und es wußte warum: Plötzlich wurde mir klar, daß Herr Seiff in Hamburg völlig recht gehabt hatte. Zehn Tage und zehn Nächte lang hatte ich an dieser Marke herumgeschwitzt, herumradiert und herumgeklebt, zuletzt noch mit feucht abgekautem Federhalterende daran herumlasiert, mit dem Zahnstocherpaket, dem küchenöligen, als Lineal – dann immer dicker aufgetragen und herumgesudelt mit der Tusche, die mir auf der rasierklingenradierten und verkratzten Textglorie schmierig ausgelaufen war wie Schleim, wie polnischer Gettolehm. »Saubere Arbeit! Fast professionell!« Rotzige Synagogensudelei, das war meine Apfelsinenmarke. Sie *roch* förmlich nach mir, sie ekelte mich an.

Das Zahnstocherpaket lag immer noch in meinem Zimmer. Ich hatte es aus der Küche geliehen, hätte es längst zurückgeben sollen, auch dies hatte ich in meiner sabberigen Selbstbeflissenheit verschlampt. Seine Vorderseite mit dem Wappen, das mir als Vorlage gedient, leuchtete mir rein und fremd entgegen, trotz all der öligen Küchenflecke auf seinem minderwertig graugesprenkelten Papier, trotz seines verschmierten Stempeldrucks so schön, so rein, so arisch unbefleckt.

Ich schlich in die Küche wie ein Dieb und stellte das Zahnstocherpaket an seinen alten Platz zurück, neben die kleine Gipsmadonna.

IBERIA BLAU KREUZ
IBERIA
EXTRA EXTRA SELECTED
Ganz volle, ausgewählte früchte

Der Brunnen

Wo wir gerade bei Don Gregorio und seiner Apfelsinenmarke sind, fällt mir sein Brunnen ein. Er hatte eine *Finca,* ein Landgut, in der Nähe von Valencia, und auf diesem drohten die Apfelsinenbäume zu verdorren, da der Brunnen eingetrocknet war.

So ließ sich denn Don Gregorio von mir in seinem giftgrünen Buick auf die Finca fahren, wo er Brunnenbohrer angeworben hatte. Der Brunnen, der bereits vierzig Meter tief war, sollte weiter vertieft werden, bis eben Wasser kam. Die beiden Brunnenarbeiter – Paco und Pepe, zwei Tagelöhner aus der Nachbarschaft – hatten schon fünf zusätzliche Meter gegraben, ohne Wasser zu finden, oder behaupteten dies wenigstens. Die Arbeit wurde nämlich pro Meter bezahlt, und der Tarif war so gering, daß Übertreibungen der Meterzahl nahelagen, ja für Leute wie Paco und Pepe geradezu eine Lebensnotwendigkeit darstellten. Kein Wunder also, daß Don Gregorio mißtrauisch war. Auf der Finca angekommen, meinte er daher, ich solle mich mit meinen eigenen Augen davon überzeugen, ob wirklich fünf Meter gegraben worden seien, solle also in den Brunnen hinabsteigen.

Der Brunnen war wie gesagt vierzig Meter tief, vielleicht jetzt sogar fünfundvierzig, und sehr schmal, recht eigentlich nur ein endlos tiefes schwarzes Loch. Ich legte mich an den Rand des Loches und lugte hinab: Rostige, offensichtlich nur noch an einem Haar hängende Sprossen saßen vereinzelt in bröckelndem Lehm, und schon ganz oben, wo man sie noch sehen konnte, fehlten zwei. Dann verloren sie sich im Dunkeln, und aus dem unergründlichen Schwarz des Loches kam jetzt auch ein matter Schein herauf, wohl die Lampe von Paco und Pepe, aus tiefster Tiefe. Da also sollte man hinab.

»No puedo garantizar que no me caiga«, sagte ich benommen zu Don Gregorio. Auf deutsch: Ich kann nicht garantieren, daß ich da nicht hinunterfalle.

»No hace falta que garantice«, antwortete Don Gregorio. Auf deutsch: Sie brauchen gar nicht zu garantieren.

Und ich stieg in den Brunnen hinab.

Die einzelnen Sprossen waren in völlig unberechenbaren Abständen in den bröckeligen Lehm eingelassen, schienen einer Spirallinie um das Loch herum zu folgen, im Stockdunkel ließ sich das nur ahnen, man drehte sich im Kreise, drehte sich in einem Zustand schlafwandlerischen Fühlens, Greifens, glitt aus, klammerte sich betäubt an irgendeiner Sprosse fest, drehte sich wieder, rutschte und hielt sich fest, bis sich das schwarze Loch von selbst zu drehen schien, wie eine Tretmühle, man trat auf ihr herum, der Laternenschein kam näher und näher, man trat fast sicher jetzt, fast fidel, jetzt waren auch Paco und Pepe da, schweißtriefend und aufgedunsen – wie Brüder nach überstandener Gefahr erschienen sie mir. Ich hätte sie umarmen können, konnte aber nicht ganz zu ihnen hinab, da der Brunnen zu schmal für uns drei war. Auch Paco und Pepe begrüßten mich wie einen alten guten Freund, obwohl sie doch meinen Spitzelauftrag erraten mußten, und reichten mir ihre Branntweinflasche herauf, wie ich da über ihren Köpfen an zwei Sprossen hing. Sie hatten nur knapp einen Meter gegraben, statt der vorgeblichen fünf, es war deutlich an dem frischen Lehm zu erkennen. Dies machte sie zuerst etwas verlegen; dann aber wanderte die Branntweinflasche von Mund zu Mund, wir fanden, daß wir im Grunde alle *pobrecitos* seien, arme Schlucker, ließen die Flasche wieder die Runde machen und lachten mit diebischem Vergnügen.

Dann kletterte ich wieder hinauf, voll des warmen Branntweins von Paco und Pepe, das Dunkel schreckte nicht mehr, bald stand ich im grellen Tageslicht und rapportierte dem steif und aufrecht am Brunnenrand wartenden Don Gregorio, daß –

– ich rapportierte, daß diese Leute da unten ganz einfach geschwindelt hätten, nicht fünf, sondern knapp einen Meter hätten sie gegraben.

War es der Bürger, das gehegte Bürgersöhnchen aus der Berliner Oberschicht, das immer noch, auch noch im tiefsten Brunnenloch, mit seiner Klasse solidarisch war? Oder war es der preußische Pflichtmensch, wie er in mir von Kant, Hegel und Fichte via Oberstudienrat Krotzowski großgezogen war – oder nichts weiter als ein elender Anpaßling?

Wie auch immer, auf der Rückfahrt, am Steuer des Apfelsinen-Buick – zerlumpte Kinder drohten sich bettelnd vor den Wagen zu stellen – machte ich Don Gregorio ein Geständnis. Es sei *enchufismo* gewesen, Strebertum, reines Strebertum, stotterte ich, ich sei ... nun ja, ich sei nie unten im Brunnen gewesen, man könne wie gesagt – meine Stimme wurde plötzlich sehr bestimmt und preußisch – man könne wie gesagt nicht garantieren, daß man nicht hinunterfalle.

Ya me lo creía, sagte Don Gregorio tonlos im Fond des Wagens, »das habe ich mir schon denken können«, und gab darauf einen halblauten, giftigen Zischlaut von sich, der wie *chzudío* klang, geschrieben »judío«. (Das »J« ist im Spanischen, auch wenn es sich nicht auf das Wort »Jude« bezieht, ein häßlich krächzender Rachenlaut.)

Brief ohne Anschrift

Wie wohl dieser Öldruck vom Potsdamer Stadtschloß in den dunklen Gang gekommen sein mochte, wo es zur Toilette und zur Küche ging, in diesem schlampigen Valencianer Kaffeehaus? Es heimelte so an. Auch war es kühl und frisch um einen, wie damals, wie an einem Havelsee, wie an der Ostsee der Kindheit gar – Gott, auch von der Ostsee hatte ich heute nacht geträumt. Die spanische Mittagsglut war noch nicht heraufgestoben, es war noch früh, noch war der Tag jung, die Hitze, die Gerüche, der Lärm der Straße hatten ihn noch nicht erstickt, auch einen selber noch nicht. Und der Kellner hier hatte ganz unspanisch *mantequilla,* Butter, zum Brot gebracht – Frühstück wie damals daheim, morgens auf der Terrasse vor kühlem Grün.

Verwöhntheit? Luxus? Es war ja schließlich Sonntag, ich hatte gestern noch bis in die späte Nacht in der Garage gearbeitet, morgen früh würde man sich dort wieder von dem fetten Sánchez herumkommandieren lassen müssen. Außerdem hatte ich ja schließlich Geburtstag heute, einundzwanzigsten. »Mündig«. Da durfte man sich doch wohl dieses heimatliche Frühstück leisten, gearbeitet hatte man ja auch schon in diesem Kaffeehaus, seine Pflicht getan, den ganzen Leitartikel des *Mercantil Valenciano,* Sonntagsausgabe, hatte man mit Langenscheidts Taschenwörterbuch »durchgeackert«, wie Klimmschütz zu sagen pflegte – mein Gott, auch von Klimmschütz hatte ich heute nacht geträumt, und auch vom Klassenbuch –, Wort für Wort hatte ich ihn durchgeackert, um ordentlich Spanisch zu lernen, *caudillo,* Führer, *tomada de poder,* Machtergreifung, und was dieser Leitartikel über das Dritte Reich, *Tercer Imperio,* sonst noch an Vokabeln zu bieten hatte (*refugiado,* Flüchtling, *masc.;* es sah im Langenscheidt erwachsener aus, als ich mich eigentlich fühlte) – systematisch, preußisch-pedantisch hatte ich das durchgeakkert und memoriert, wie vor einem Jahr den Sohm, Römisches Recht, im letzten Semester in Berlin – mein Gott, auch vom Sohm hatte ich heute nacht geträumt, *litigatio, causa donandi,* auch vom Potsdamer Stadtschloß, vom Klassenausflug nach Sanssouci. Und jetzt war es so kühl und lernerisch und schön an diesem unbefleckten Morgen, man durfte sich doch wohl die Butter erlauben, ausnahmsweise. Vor wem verteidigte man sich eigentlich? Vor Klimmschütz? Vor dem preußischen Pflichtgesetz? Vor Vater?

Auch von ihm hatte ich heute nacht geträumt, und von der Voigtländer-Kamera, die ich von Vater zum letzten Geburtstag bekommen hatte, von Bahlsens Leibniz Keks, von Lessings Laokoon, von den alten Schlittschuhen, von Annas Zitronenlimonade, von den Comedian Harmonists. Es war wieder ein solcher – solch ein »totaler« Traum gewesen, von allem. Vom Neunundsechziger Bus zur Uni, von den schwarzlackierten Kollegheften, den Lackschuhen für die Tanzstunde, von den Kopfhörern des selbstgebastelten Detektorapparates – »Über die Berge steigt schon die Sonne« hatte es einmal frühmorgens aus ihnen herausgeklungen, so grün, so jung, so butterkühl – nein wirklich, auch vom Kinderzimmer hatte ich geträumt, von den Märchen-Scherenschnitten an der Wand, vom Kachelmuster des Badezimmers, und von Barbara, die nicht mehr schrieb. Kein einziger Geburtstagsbrief diesmal, von keinem.

Ich öffnete meine Aktenmappe, in der früher die Kolleghefte gelegen hatten, und hob einen Stoß Papier heraus, MK-Papier, noch aus Berlin, »Schreibst Du mir, schreibst Du ihr, schreibst Du auf MK-Papier«. Es hatte keinen Sinn mehr, Barbara zu schreiben, auch sonst keinem, es war ja alles nicht mehr. Und dennoch, es wäre so schön zu schreiben, an diesem kühlen, grünen, birkenbuchenheimatlichen Geburtstagsmorgen.

Ich beschloß, ein Buch zu schreiben.

Schrieb zuerst, wie es Anfänger wohl tun, den Titel meines Buches, EIN LANGER BRIEF, sehr schön und groß auf die erste Seite, und nun das erste Kapitel. Ich war auf der vierten Seite, der Füller – der alte treue Montblanc, auch von ihm hatte ich wohl heute nacht geträumt – glitt fieberhaft über das MK-Papier, als der Kellner kam und mich aufforderte, ins Obergeschoß des Kaffeehauses umzuziehen, falls ich bleiben wolle, der Platz werde gebraucht. An meinem Tisch hatten sich in der Tat schon zwei laut und schwitzig gestikulierende Katalanen niedergelassen, ein dritter bläulich Unrasierter gestikulierte stehend, wartete auf meinen Stuhl, ich hatte nichts von alledem gesehen, es war jetzt laut und schrill und heiß geworden, die Mittagsglut war da.

Hier im Obergeschoß war es still, vielleicht auch etwas kühler, fast noch ein Widerschein des Morgens, man war jetzt allein in einem Meer von leeren Tischen und zusammengeklappten Stühlen. Ich legte mir mein Papier auf dem neuen Tisch hübsch ordentlich zurecht, entschraubte glücklich meinen Füller, es war so schön, unfaßbar schön, Papier zu haben und Tinte, schreiben zu dürfen. Die Gnade! Die Caritas des Wortes, nein ich meine wohl das Charisma und darf's niederschreiben, darf das alte Wort streichen – diese Gnade! Ich faltete die Hände über dem weißen Papier, betete und dankte.

Aber es war jetzt so sehr still hier oben, zwischen all den vielen zusammengeklappten Stühlen, es wollte nicht recht weitergehen, fast als hätte man den Faden verloren, irgendeinen Faden zu – zum Potsdamer Stadtschloß, Bahlsens Leibniz Keks, Klimmschütz, zu allem. Kritzelnd zog ich die alten Buchstaben nach, strich ein paar Zeilen wieder aus, änderte auch ein wenig an meinem Buchtitel herum – EIN LANGER BRIEF wurde zu BRIEF OHNE ANSCHRIFT – und sah vor mich hin, beschäftigungslos.

Dann zahlte ich, rollte das Manuskript in die Sonntagsausgabe des *Mercantil Valenciano,* ließ ihn wie ausgelesen auf einem Stuhl des Kaffeehauses liegen und stahl mich hinaus.

Kommt ein Vöglein geflogen

Wieder einmal enthielt der Stellenteil des *Mercantil Valenciano* nichts, was eine bessere Zukunft versprach als meine jetzige Garagenarbeit. Zwar suchte man einen Tür-zu-Tür-Verkäufer von Jesusbildern und anderen »heiligen Artikeln«, *art iculos santos,* aber dieser Mann sollte neben einer »tiefen Begeisterung für die Sache«, *un entusiasmo profundísimo,* auch reiferen Alters sein, und das war ich nun einmal nicht, wenn ich auch bei meiner Lektüre der Anzeige plötzlich von einer tiefen Begeisterung für die Anliegen der katholischen Kirche ergriffen wurde. Dagegen suchte ein *capitán,* ein Hauptmann also, unentgeltlichen deutsch-spanischen Sprachenaustausch, und diese Anzeige beantwortete ich.

Der Hauptmann war ein alter, korpulenter und gemütlicher Herr. Er kam allmorgendlich in frühester Frühe in voller Uniform in mein schäbiges Zimmer, bevor er in seine Kaserne und ich in meine Garage ging, und nahm hier mit kriegerischer Disziplin auf meinem eingekuhlten Bett wie in einem Schützengraben Platz. Er schien sehr wenig für seine Kaserne und überhaupt für Spanien übrig zu haben (auf jeden Fall für das Spanien *vor* Franco, in dem wir uns befanden), aber sehr viel für Deutschland, insbesondere für den generalísimo von Hindenburg, el viejo Blücher und Platijas fumadas, geräucherte Flundern. Warum ich in Spanien war, fragte er nie, und Andeutungen, zu denen ich mich meinerseits verpflichtet fühlte, verstand er zum Glück nicht, ja er fand sogar, ich sähe Adolf Hitler etwas ähnlich, besonders wenn ich lachte. So wurden wir recht gute Freunde, und eines Sonntags lud er mich in sein Landhaus ein.

In brennender Juliglut, zerrieben und übernächtigt – die Wanzen hatten mir keine Ruhe gelassen, obwohl ich die vier Füße des Bettes in vier alte, wassergefüllte Konservenbüchsen postiert hatte, aber diese Tiere ließen sich wohl von der Zimmerdecke niederfallen – fuhr ich zum Landhaus meines

Hauptmanns hinaus, im Gedränge schweißtriefender, lärmender, freudlos gestikulierender Vorstadtbewohner.

Hier mußte es sein. Vor mir nichts als glutgesengte Erde, kein Grün, ein Schuttabladeplatz fast, und auf ihm ein Hausgemäuer aus kreideweiß gekalktem Lehm, auf das eine erbarmungslose Sonne niederbrannte wie auf das bleiche Gebein einer Schädelstätte. Ohnmächtig wehrte sich das Gemäuer mit weißblendenden Reflexen, mir flimmerten die Augen, plötzlich stand der Hauptmann vor mir, klopfte mir jovial auf den Rücken: »hola hombre!«

Er führte mich in ein dürres, müdes, übernächtigtes Spaliergestrüpp, das er stolz auf deutsch *das Gartenlaube* nannte. Eine schwarzgekleidete, schweigende oder taubstumme Alte, seine Dienerin oder Ehefrau, humpelte mit Wein heran. Wir tranken – »Prosit, aufs Wohl«, strahlte der Hauptmann –, die Schwüle hämmerte mir ins Gesicht, das Krächzen der Krähen schlug in meine Ohren, die Wanzenbisse der letzten Nacht lebten durch den Wein wieder zwickend auf, ich war benommen.

»Wein, Weip und Gessanck«, strahlte der Hauptmann im Rahmen unseres Sprachenaustauschs, »cantemos – lasset uns singen«. Er schlug ein vergilbtes Liederheft auf, fuhr mit breiter Faust über eine Doppelseite, die nun wehrlos und platt mit Text und Noten vor uns lag:

Kommt ein Vöglein geflogen.

Er zog seine Jacke aus, gebot mir ein Gleiches, hob mit rauher Stimme an, schlug mit seinen schweren Kommißstiefeln gutmütig und glücklich wie ein Kind den Takt – »que cante! mitsingen!« unterbrach er sich, sang weiter, unterbrach sich wieder, »mitsingen! sino por la pronunciación, schon wegen das Aussprake«, fing wieder von vorn an, ich zirpte mit –

Kommt ein . . .

»Más fuerte, mehr laut!« rief er. Lauter zirpte ich mit, die Sonne brannte auf das dürre Gestrüpp, auf den Schuttabladeplatz, die Stimme des Hauptmanns dröhnte, die Krähen krächzten, die Luft stand still über kalkweißem Lehmmauergebein, Vöglein, einen Gruß, eine grüne Heide, Heide, Heidenröslein, Tausendschön, über Felder, über Auen – irgend jemand, irgendjemand wird das jetzt hier sehen, den Hauptmann, das Notenbuch, das Lehmmauergebein, irgendjemand daheim, *muß* es doch sehen –

nicht begleiten,
weil ich hierbleiben muß

– es ist ja so schön, so wunderschön, wenn es nur jemand *sieht,* das Trostlose ist trostreich, wenn es *gesehen* wird, ist die Katharsis, mein Abitur-Aufsatz, die Katharsis der griechischen Tragödie: *gesehen.* Mitgeteilt. Mitgeteilt jemandem daheim.

Wem, fragte es in mir. Meine Stimme wollte nicht mehr mit. Aber der Hauptmann sang jetzt schon ganz von allein weiter.

Auf einer Bank

Valencia hat einen schönen Park, ich hatte Barbara schon von ihm geschrieben. Jetzt war er menschenleer. Es war sehr schwül. Es war Mitte Juli.

Endlich sollte der Brief geöffnet werden. Ich wählte eine Bank im Schatten, am Ende einer schier unendlichen Platanenallee. Oder sollte ich Barbara erst schreiben, wie diese Allee aussah, wie regungslos lähmend und schwül, wie diese Bank aussah, auf der ich ihren Brief nun öffnen würde? Eine braune Bank, Barbara. Fast wie in unsrem Bahnhofspark in Goslar, damals, unter dem Pferdebaum, Du sagtest so, »Pferdebaum«.

Ihr Brief war leicht und dünn, die Briefmarke nachlässig und schief aufgeklebt, die Anschrift undeutlich hingekritzelt, als spiele das Ankommen keine Rolle. Nur der Poststempel, BERLIN, war klar und deutlich, ein kalter Hitlerstempel. Nicht einmal einen Absender hatte sie auf das Kuvert gesetzt. Auch dies wollte ich ihr schreiben, das mit dem Kuvert, auch daß es heute ein sehr langer Tag gewesen war, mit dem ungeöffneten Brief in der Tasche, im Lärm der Garage, der Juliglut, den Öllachen, in denen man unter den Autos lag, und daß das alles an mir vorbeigegangen war wie an einem fremden Schicksal: daß dieser Brief, nur er, mein Schicksal war.

Acht Monate lang, tagtäglich. Tagtäglich den schmutzigen Valencianer Briefkasten an der Garagenecke gesegnet, der jeden Abend widerspruchslos den Brief an Dich entgegennahm. Du weißt um diese Garagenecke, Barbara, habe sie Dir genau beschrieben, auch den Briefkasten, alles. Auch daß niemals eine Antwort kam, auch dies weißt Du, tagtäglich wurde es Dir berichtet, wochenlang, monatelang, flehentlich in das dunkle Briefkastenloch hinein. Liebe ist Heimweh, schrieb ich Dir.

War dies denn wirklich ihre Handschrift, endlich, aus unserem Berlin? Noch immer wagte ich den Brief nicht zu öffnen, auch jetzt nicht, auch auf dieser Bank nicht, man kann ja nicht einfach sein Schicksal öffnen, nicht wahr, Barbara, man kann es nicht.

Verlobt. Verlobt mit einem »Toni«, Student in Berlin, einundzwanzig, mein Alter. Hier steht es schwarz auf weiß, verlobt, ich mußte den Brief geöffnet haben, auf dieser Bank, mußte den Brief gelesen haben, jetzt, ohne Willen, ohne Entschluß: Bewußt kann man kein Schicksal öffnen, nicht wahr, Barbara, man kann es nicht.

Verlobt. Ich dachte nichts, ich fühlte nichts, ein zerzauster Vogelflaum lag auf dem Sandboden, wollte Barbara auch dies nun wieder schreiben und dann den Briefkasten segnen, der es entgegennahm, der es weiterführte in eine Stadt, in der ein Toni, blond und braungebrannt, studieren durfte. Jetzt, jetzt lachte sie ihn gerade an, am Wannsee.

Tief in die Hände vergrub ich mein Gesicht, damit sie mich auch richtig sehe, in meiner Einsamkeit. Nenn's Schauspielerei, Barbara, meinetwegen. Hauptsache, Du nennst es irgendwie.

Und damit die Sprache nicht aufhört zwischen uns, Barbara, höre den Spruch der Schöpfeimer der Noria-Brunnen in Kastiliens dürrer Glut, es ist Altspanisch: Los plenos de dolor / Los vacíos de speranza.

Die Vollen voller Schmerz / Die Leeren voller Hoffnung.

Ich war von meiner Bank aufgestanden und deklamierte. War ich verrückt geworden?

Jemand rührte mich an.

»Quiere que le lea la mano, señorito?« Wünscht der Herr, daß man ihm die Hand lese?

Vor mir stand groß und bunt eine Zigeunerin.

»Quiere que le lea la mano, señorito?« wiederholte sie. Ich setzte mich wieder auf meine Bank, schüttelte den Kopf und gab vor, meinen Brief zu lesen.

»Ma sí, cierto que sí«, insistierte sie und zerrte an meiner Hand, »qué mano bonita«, welch feine Hand, welch feiner Herr, »un joven tan guapo«, ein so schöner Jüngling.

Ich zog meine Hand so unmerklich zurück, wie es nur ging, starrte auf den Brief auf meinen Knien, nagelte die Augen auf ihn.

Sie kniete auf den Boden nieder, die Silberketten rasselten. Sie legte ihr braunes Kinn auf meine Knie, auf den knisternden Brief, sah mir von unten her fest und unablässig in die Augen: »Ya quiere que le lea la mano«, nicht wahr, ich wolle es doch, wolle die Hand so gern gelesen haben . . . und auch so schöne schwarze Augen habe der señorito, eine so klare Stirn, qué futuro hermosísimo, welch schöne große Zukunft, que novia hermosísima, welch schöne Braut.

Ich sah zu Boden, an ihrem Blick, an meinem Brief vorbei.

Sie schwieg, rührte sich nicht. Dann klirrten ihre Silberketten, sie erhob sich, schien lautlos wegzugehen, zerknittert lag der Brief auf meinen Knien, immer noch blickte ich zu Boden, in den Büschen hinter mir raschelte es, wohl ihre Ketten. Jetzt zischte es, kreischte heiser, lauter, immer lauter, ohrenbetäubend: NAR—CI—SO.

Narziß.

Ich wagte aufzublicken. Nichts war zu sehen. Die endlose Platanenallee lag leer und schwül und totenstill.

Los plenos de Dolor
Los vacíos de Esperanza

Die Vollen voller Schmerz
Die Leeren voller Hoffnung

Nocturno valenciano

Je heißer ein Land und seine Gelüste, desto eisiger seine Moral, desto berechnender seine Frauen. Deshalb sind junge Männer in Spanien sehr allein. Zwar können sie mit einer Novia, einer Verlobten, allenfalls in einem dunklen Kino intim und zärtlich sein, müssen aber hinterher zu einer Puta oder Dirne gehen, wenn sie den Rest erledigen wollen. Oft steuert auch die Novia verständnisvoll am Kinoausgang fünf oder zehn Peseten – das reichte 1935 für eine Puta – zur Bestreitung der Unkosten bei und mag den Jüngling dann auch bitten, dabei an sie zu denken: Je heißer ein Land, desto reger die Phantasie.

Nun hatte ich keine Novia, sehr wenige Peseten und noch weniger Verlangen nach einer Puta: Dirnen ließen mich kalt, so kalt wie etwa Silberfüchse mit Seidenfutter und Preisangabe einen Jäger lassen. Solch ein Jäger mag jahrelang nicht mehr geschossen haben, mag sich vor Schrot und Pulver nicht mehr zu lassen wissen, mag darauf fiebern, endlich einmal schießen zu können, mag bei jeder grauen Katze seine Büchse spannen – aber ins Schaufenster mit den Silberfüchsen schießt er dennoch nicht: Halluzinationen haben ihre Grenzen. So auch bei mir, trotz aller Burscheneinsamkeit, allen Schrots, aller Phantasiegebilde.

Ich war aus meinem fensterlosen Hinterzimmer umgezogen und bewohnte jetzt eine Dachkammer in einem großen Valencianer Mietshaus. Dieses hatte am Eingang eine dunkle, muffige Loge mit einem Pförtner darin, und in einer Ecke dieser Loge, hinter speckigem Fensterglas, eine Pförtnerstochter mit üppigem blond bis weiß gefärbtem Haar, pechschwarzen Haarwurzeln, pechschwarzen Augen und unerklärlich blondfleischigen Armen, die mich sehr erregten. Sie stickte den ganzen Tag in ihrer dunklen Logenecke, blickte niemals auf, selbst dann nicht, wenn man ihr ein herzklopfendes (wenn auch sprachlich falsches) »muy buenas mañanas«, einen sehr schönen guten Morgen, wünschte: Sie überließ, vermutlich auf Befehl, den Gegengruß dem Pförtnervater, der seinen still und streng katholisch stickenden Schatz mit Argusaugen überwachte.

Aber Señor López (so hieß der Pförtner) bewachte vergebens. Sein stille stickender, blondfleischiger, schwarzhaarwurzeliger Schatz hatte es, wie man auch auf spanisch sagen kann, dick hinter den Ohren, faustdick sogar: Sie begnügte sich nicht mit halben Zärtlichkeiten in dunklen Kinos; sie überließ den »Rest« keiner bezahlten Dirne; sie wollte ihn selber haben, und zwar restlos, oft und unmittelbar, ohne zeitraubende Schäkereien. *Wie* heiß sie war, wie hemmungslos, wie nackend, wenn sie nackt war, wie gotteslästerlich geil, *wie* sie in meiner Mansardenkammer fast augenblicklich die blondfleischigen Schenkel feucht auseinanderspreizte, wortlos ihre rote, pechschwarz umhaarte Mitte bot und dann, als sie sich füllte, heiser »muy buenas mañanas« sagte, das erfuhr ich, als ich sie eines Nachts – sie war ganz einfach zu mir hereingeschlichen – im Traume traf.

Am nächsten Morgen, als ich hinunterkam, saß sie dann wieder völlig unschuldig hinter dem speckigen Fensterglas der Loge, stickte mit fromm gesenkten Augen vor sich hin und ließ kalt den armen, nichts ahnenden Pförtnervater Señor López meinen Morgengruß erwidern.

Dies wiederholte sich von nun an Nacht für Nacht: Sie war unersättlich, ich war es auch, sie wollte *cojones* (unübersetzbar), sie bekam *cojones,* und eines Nachts – es war gegen Morgen – flüsterte sie mir im Traum zu, sie wolle diesmal *cojones* ohne Traum. Ich erwachte, tat wie sie wollte, sie war noch schöner. Als ich an diesem Morgen wieder hinunterkam, vorbei an ihrer Loge, schien sie zu lächeln. Señor López sah mich argwöhnisch an.

Dann pochte es eines Vormittags an der Mansardentüre, ich öffnete, traute meinen Augen nicht: Sie stand leibhaftig vor mir. Sie hatte einen Wassereimer in der Hand, wegen der caños, wegen eines Rohrbruchs. Ich nahm den Eimer, umfing sie, preßte sie an mich, biß in ihre blondfleischigen Arme. Im Tausendstel einer zuckenden Sekunde schien sie sich anzuschmiegen, riß sich dann kreischend los, spuckte mir ins Gesicht, verschwand.

Die Nacht nach diesem Tag war die allerschönste. Sie spuckte, streckte mir die Zunge aus ihrem feuchten Mund rot und breit heraus, leckte mit dieser Zunge, als ich nah und näher kam, lechzend das Glied, öffnete ihm flehend einen zweiten zungenlosen Mund und küßte die harten Peitschenschläge mit engen pechschwarzroten Lippen. Wir ritten und reiteten über den Boden, stießen den Wassereimer um, ich erwachte, sie war fort.

Am nächsten Morgen sagte Señor López in der Loge, das Dachzimmer sei zu räumen. Sie stickte in ihrer Ecke weiter, sah nicht auf.

Wie ist die Welt so stille

»El . . . la . . . Wintersonne?« fragte er. »El sol del invierno«, half ich ihm nach. »El . . . el . . .« stammelte er und sah mich verständnislos an.

Die Wintersonne stand nur als armer Schein . . .

Tonio Kröger gehörte zu meinen besten Freunden aus der Heimat, auch war er ja ungefähr in meinem Alter, und so hatte ich ihn denn auf einem Valencianer Buch- und Lumpenkarren erstanden, wo er in einem schönen Lederband, wohl aus dem Besitz eines geldbedürftigen deutschen Flüchtlings, neben einer alten, zeigerlosen Uhr zur Schau lag.

Ich hatte kein ganz reines Gewissen, das Buch war auf Kosten meines deutschen Sprachschülers erworben worden, und wenn es auch für seine Übersetzungsübungen gedacht war, so mochte der Text doch weniger in seinem als in meinem Interesse erworben worden sein. Der Schüler, elf Jahre alt, Sohn eines Valencianer Schuhvertreters, dessen Mercedes ich in der Garage betreute, brauchte Nachhilfestunden für die Schule, also vermutlich etwas Einschlägigeres als Thomas Mann. Aber, so sagte ich mir und meinem schlechten Gewissen immer wieder, Tonio Kröger war gutes Deutsch, schon im allerersten Satz kamen nützliche Worte vor, »Winter« und »Sonne« zum Beispiel (wenn auch zusammengesetzt, Wintersonne), und wichtige Vokabeln wie »stand« und »nur«. Auch hatte mir der Vater meines Schülers ans Herz gelegt, seinen Sohn nicht zu *torturar* mit trockener Grammatik, der Junge könne sonst leicht die Lust verlieren, ich solle so schonend mit ihm umgehen wie nur irgend möglich, ruhig mit ihm spazierengehen oder auch einmal ins Kino, er sei etwas langsam, aber durchaus nicht zurückgeblieben, das wirke nur so, wegen der Entwicklungsjahre.

Jetzt war er über Tonio Krögers Wintersonne halbnukkelnd eingeschlafen, an diesem heißen Juliabend, sein Schweiß rann auf das Buch.

Es war so siedend, so vernichtend heiß. Ich stieß ihn leise an und schlug vor, hinauszugehen und ins Kino, im Escorial solle es etwas Deutsches geben.

Die Straßen schienen vor Hitze zu sieden, auch die Menschen. Ich versuchte, etwas Deutsch mit ihm zu sprechen (wieder das schlechte Gewissen), aber man konnte seine eigenen Worte nicht verstehen, Lautsprecher kreischten Rumbas und Flamencos aus weitoffenen Fenstern. Das Escorial-Kino aber war mit einer Klimaanlage versehen, »de calidad superlativa alemana«, allerbester deutscher Qualität, wie es groß am Eingang angeschlagen stand, man trat gleichsam aus dem Feuerofen in einen großen stillen Kühlschrank ein. Die Schweißperlen nahmen einen unschlüssigen Aggregatzustand an, es war nicht ganz die Kühle der Heimat, de calidad superlativa alemana, nicht ganz in einem kühlen Wiesengrunde, aber es erinnerte doch sehr. Tonio Krögers Ostsee. Theodor Fontanes Wanderungen durch die Mark Brandenburg. Mörike. Über allen Gipfeln ist Ruh. Die Lichter im Saal gingen langsam aus. Der Wald steht schwarz und schweiget und aus den Wiesen steiget der weiße Nebel wunderbar.

Wie ist die Welt so stille.

Der deutsche Film war nicht ganz deutsch, er war aus Hollywood, handelte aber von etwas Deutschem, war aus dem Amerikanischen ins Spanische synchronisiert. Er begann – nur dies ist mir noch erinnerlich – mit einer jener alten Berliner Droschken, von denen ich noch einige beim Dreiradfahren ganz von unten her gesehen hatte, es roch förmlich nach Pferdeäpfeln (– Pferdeäpfel! daß man das Wort noch konnte – und die Tomaten, die staubigen Tomaten, auf den Berliner Balkons –), auf dem Bock saß der altvertraute Droschkenkutscher mit seinem Zylinder auf dem Kopf, man sah ihn von unten her wie damals vom Dreirad, er sah zwar etwas amerikanisch aus, aber Berlin war ja nie *so* deutsch gewesen, auch die Rosette am Kutscherzylinder war etwas Hollywoodisch groß vielleicht, jetzt nahm der Kutscher den Zylinder vor einer Dame ab, es war wohl Loretta Young, und sagte zu der Dame: Buenos días.

»Guten Tag«, flüsterte ich rückübersetzend meinem Schüler zu, die Kinobilletts gingen ja schließlich auf Rechnung seines Vaters, ich hatte wieder dieses schlechte Gewissen, der Sohn möchte nicht recht auf seine Kosten kommen. »Guten Tag«, flüsterte ich noch einmal; aber er war eingeschlafen.

Jetzt passierte die Droschke mit dem Kutscher und der Dame das Brandenburger Tor – unheimlich groß war es, auch wahrheitsgetreu, aber dennoch unwirklich, wohl Montage oder Fototrick, Horst Ebenau hatte mir einmal auf dem Schulhof erklärt, wie man das macht. »Genau tausend Meter«, hatte uns Saeboldt in der Sexta erklärt, »genau ein *Kilometer* zwischen Brandenburger Tor und der Universität.« Meine Uni. Sollte ich ihn wecken? Ihn schlafen lassen? Das Brandenburger Tor würde ihn vielleicht interessieren. Aber jetzt war es schon ganz klein, im Hintergrund, jetzt weg. Und war ja überhaupt nie richtig dagewesen, nur ein Hollywooder Fototrick, ich brauchte wirklich kein so schlechtes Gewissen zu haben, er wird schon Deutsch lernen mit der Zeit – mein Gott, die Leute da am Brandenburger Tor jetzt, am wirklichen, die haben ja schließlich auch kein so schrecklich schlechtes Gewissen, und die, die jetzt auf meine Uni gehen, mich aus dem Seminar ausschlossen, die haben's ja auch nicht, er wird schon sein Deutsch lernen mit der Zeit, ich hab ja schließlich meine Pflicht getan, hab ich denn das nicht, oder habe ich sie vielleicht doch nicht getan, hab ich vielleicht gar keine, wie ist die Welt so stille, gar keine Pflichten mehr, gar keine?

Der Schüler schlief.

Im Dunkel des kühlen Kinos war sie plötzlich wieder da,
als gebe es kein Spanien, keine Fremde mehr:
Tonio Krögers Ostsee.

Die Deutschland

Sie lag vor Palma de Mallorca, die Deutschland, der spanische Bürgerkrieg war ausgebrochen, ich hatte mich kurz zuvor in Palma um eine Stellung in einem Reisebüro beworben, daraus war nichts geworden, und nun hatte ich kein Geld mehr.

»Fuehrrer?«

Keine Antwort, sie gingen einfach vorbei, waren ja auch die Feineren, mit den blitzweißen Hosen, Kapitäne und Offiziere wohl, kamen deshalb wohl auch zuallererst vorbei.

»Fuehrrer?«

»Nein danke.« Schon etwas freundlicher, oder auch nur ironisch, hatten vielleicht schon genug an ihrem eigenen Führer daheim. Vielleicht sollte man sie anders ansprechen, mit »Guide« etwa, aber Fremdwort, Deutsche liebten das nicht. Oder sprach ich Fuehrrer nicht spanisch genug aus, merkten sie mir den deutschen Flüchtling an? Vielleicht »Fiehrer«?

»Fiehrer?«

Keine Antwort. Na, das waren noch lange nicht alle, weiter unten auf dem Pier drängten Hunderte von Matrosen nach, immer noch kamen die kleinen hakenkreuzbewimpelten Barkassen von dem großen Schlachtschiff. Mächtig und stolz lag es dort mit seinen hellgrauen Panzertürmen in blauer Ferne.

»Fiehrer?« – War ich vielleicht zu fein gekleidet in diesen hellen Hosen, die waren noch aus Berlin, sollte man vielleicht abgerissener, eingeborener aussehen? Aber ich hatte ja schließlich keine anderen Hosen. Nur hätte man sie vielleicht nicht extra waschen sollen.

»Fiehrer?« Keine Antwort. »Fiehrer?« Vorbei, nicht einmal ein Kopfschütteln. »Fuuhrör?« Vorbei. »Fiehrer?« Ein paar Matrosen blieben stehen. »Na warum denn nicht, du Schwarzer«, sagte einer, ein Dicker, »watt nimmste denn dafür?«

»Nach Belibben.«

Sie waren vier, konferierten nun unter sich, einer fragte, ob ich denn Deutsch könne, was ich bejahte, und der Dicke sagte schließlich: »Na schön, dann komm mal mit, Spaniolo, und zeig uns erstmal ein nettes Haus.«

»Haus« verstand ich nicht, was angesichts meiner vorgeblichen Kenntnis der deutschen Sprache beschämend war, und als man mir das Haus erklärte (*»Bordell,* verstehst du das, *bordello, puffo?«*) wußte ich keines. Eilfertig wandte ich mich an einen vertrauenserweckend dreckig aussehenden Mallorkiner, der gerade einen schleimig glotzenden Tintenfischpolyp gegen den grauen Beton der Hafenmole platt und bewußtlos schlug, und zog dann triumphierend mit den Vieren zu dem Haus – übrigens ganz diskret auf einem kleinen Umweg an der Kathedrale vorbei, deren Geschichte (13. Jh. usw.) ich noch in aller Eile auf dem Pier für meine Fremdenführung memoriert hatte. Nun hob ich vor dem frühgotischen Portal der Kathedrale an, besonders ein junger Blonder namens Kurt aus Berlin-Steglitz hörte zu, wir gingen sogar hinein. Das Innere der Kathedrale von Palma de Mallorca – auch ich sah es zum erstenmal – ist überwältigend, wir verstummten. Ich war stolz auf meine Kathedrale, stolz wie ein Spanier.

Das Bordell dagegen war eine Enttäuschung. Ob es an den Pickeln der halbentkleideten Mädchen lag, die wir auf den Schoß nahmen (auch ich nahm eine auf den Schoß, um nicht abzustechen, anstandshalber die Pickeligste) oder daran, daß wir noch zu jung und unerfahren waren, war schwer zu sagen. Keiner wußte etwas Rechtes mit den Mädchen anzufangen – vielleicht bis auf den Dicken, der Egon hieß, aber wir sahen nicht so genau hin. Dann bezahlte jeder einen *Duro,* einen »Harten«, ein Fünfpesetenstück, und der dicke Egon bat mich, ihnen eine Kneipe zu zeigen – »kapierst du das denn wenigstens, Kneipe, *kneipo,* du schwarzer Teufel?« Der blonde Kurt aus Berlin-Steglitz schien betreten, entschuldigte sich für Egons rauhe Sprache und sagte, er meine es gar nicht so.

In der Kneipe angelangt, sah ich meine Chance gekommen, als Führer mit meinen Sprachkenntnissen bei der Speisewahl dienlich zu sein. Aber die Wirtin, eine hager verhärmte Belgierin, sprach fließend deutsch (wohl aus dem Ersten Weltkrieg, von der deutschen Besetzung Belgiens her) und schlug uns paprikagespickte Mastkalbsrouladen vor. Ob sie mich einladen dürften, fragte der blonde Kurt aus Berlin-Steglitz. Ich lehnte vornehm ab, hätte gerade gegessen (was erfunden war), machte dann aber beim Trinken mit, was mir zwar viel weniger zusagte, aber standesgemäßer erschien.

Anis del Mono, Steinhäger, Rotwein, Kümmel, Bier in bunter Reihenfolge, dann Champagner (die belgische Wirtin flüsterte mir zu, ich könne auf eine Animierprovision rechnen), wir tranken auf die Deutschland, auf Deutschland, auf Spanien (das galt mir), auf Franco und den Führer, wir tranken Brüderschaft, wir schunkelten »Berlin bleibt doch Berlin«, mein Deutsch wurde immer fließender, ich berlinerte jetzt sogar, der blonde Kurt aus Berlin-Steglitz sah mich verwundert an (die anderen hörten nichts, waren schon völlig betrunken), und dann gestand ich ihm.

Kurt nahm meine Hand.

21.45, sie mußten zur Deutschland zurück, taumelten aus der Kneipe in die Nacht, waren weg, die belgische Wirtin kam mit einem Geldschein, Provision, ich schüttelte abwehrend den Kopf, saß weiter vor dem abgegessenen Tisch, wie konnte ich denn die Provision ausschlagen, wo ich auch kein Führergeld hatte nehmen können, von Freunden, sogar einen Duro in dem Bordell hatte ich zugesetzt, meinen vorletzten, ach was, was macht's denn schon, Berlin bleibt doch Berlin, der Tisch verschwamm vor meinen Augen, ich erbrach mich, Anis del Mono, Kümmel, Rotwein, Galle, mehr hatte ich ja nicht, die belgische Wirtin wurde ungehalten, sagte *boche* zu mir, Saudeutscher bedeutete das wohl, und all die Galle auf meine einzigen heilen Hosen, die hellen, nie würde das mehr herausgehen, nie –

– »schöner Fuehrrer« lachte es dröhnend, es kam von ein paar blitzweißen Offiziershosen, in großem Bogen gingen sie um mich herum, um mein Erbrochenes, zur Deutschland hin.

Im Feigengarten

Wenn man auf Mallorca nun schon fünf Wochen statt der zwei Tage ist, die für ein persönliches Anstellungsinterview im Reisebüro »Colón« oder Kolumbus nötig waren; wenn weiter diese Bewerbung ergebnislos war, eine Rückreise vom Franco-beherrschten Mallorca ins republikanische Valencia wegen des Bürgerkrieges bis auf weiteres unmöglich ist und auch das Fremdenführen keinen Heller einbringt, dann bekommt man sein Essen in einer Armenküche, in diesem Fall in einem Nonnenkloster, und muß die Zimmermiete schuldig bleiben.

Die Inhaberin der Pension, in der ich wohnte, eine üppige Wienerin in den frühen Fünfzigern, hatte volles Verständnis für meine Lage, als ich von meiner Geldnot berichtete und vorschlug, auszuziehen. Touristen, sagte sie, kämen ja bei den jetzigen Verhältnissen »eh« nicht mehr, und wenn ich kein Geld hätte, so bräuchte ich von jetzt ab überhaupt nichts zu bezahlen.

Dies war sehr großzügig. Noch großzügiger war, daß sie mich an demselben Abend sogar noch zum Essen in ihre kleine Küche einlud, um mir bei dem strömenden Regen und den immer drohenden Fliegerangriffen den langen Weg ins Nonnenkloster zu ersparen. Sie setzte mir ein herrlich großes, blutrotes Beefsteak vor – »das haben's doch eh nicht bei den Nonnen« – und dazu noch eine ganze Flasche Wein, die es gleichfalls bei den Nonnen »eh« nicht gab. Sie trank fröhlich mit, holte eine zweite Flasche, schwatzte und praterte, und über dem Wein wurde es ihr so warm, daß sie ihre Strickjacke und bald auch ihre Bluse ablegen mußte (darunter hatte sie einen weißen Büstenhalter mit einem schwarzen Wiener Spitzenrand). Doch auch dies half kaum: Es wurde ihr so heiß im Kopf, daß sie sich auf ihr Bett legte und mich bat, sie zu entkleiden.

Dies tat ich, und als sie völlig entkleidet vor mir lag, war ich stolz darauf, mich trotz allen Weines und meiner bloßen zweiundzwanzig Jahre noch auf den Beinen halten zu können, fast wie ein reifer Mann. Auch konnte ich sie noch zudecken, mich noch einigermaßen manierlich für das wunderbare Essen bedanken und fast gradlinig in mein Bett finden. Dort warf ich allerdings die Nachttischlampe um, und die Glühbirne ging entzwei. Als ich dies meiner Wiener Wirtin am nächsten Morgen mitteilte, war diese so aufgebracht, als hätte ich ihr Haus in Flammen gesetzt. Ich schlug vor, die Glühbirne zu ersetzen (ich hatte noch die Mittel). Sie aber schlug vor, das tags zuvor vereinbarte Mietabkommen »eh« zu beendigen, und zwar umgehend.

Eine gutherzige, recht junge Holländerin nahm mich auf. Sie besaß in der Nähe ein Häuschen mit einem kleinen Feigengarten, den ich schon früher hatte benutzen dürfen. (Feigen sättigen sehr, führen aber andererseits stark ab.) Zwar wußte ich, daß ihr Häuschen von einem reichen bolivianischen Gönner stammte und daß sie auch im übrigen liebeswerktätig war. Aber Dirnen, so hatte schon Tante Ida damals in Hannover gesagt, sind meist gutherzig. Dennoch zog ich mit bösen Vorahnungen bei ihr ein: Sicher hatte sie es auf mich abgesehen, eine Prostituierte muß es ja schließlich sehr stark auf einen abgesehen haben, wenn sie einen Mann trotz seiner offenbaren Zahlungsunfähigkeit zu sich bittet – mir graute vor Syphilis und somit vor dem gemeinsamen Bett.

Meine Vorahnungen waren unberechtigt. Sie liebte ihre Katze, nahm diese mit ins Bett, sobald sich darin kein Kunde befand, und abgesehen von wiederholten Andeutungen, der Katze meine Liebe etwas deutlicher zu zeigen als bisher, erwies sie mir eine Gleichgültigkeit, die im Laufe der Zeit meinen männlichen Stolz verletzte. Als ich eines Tages anstandshalber die Katze auf ihrem Schoß streichelte, und dann vom Schwanz der Katze aus streichelnd auf ihre holländischen Hüften überging, schrie sie auf und schlug um sich. Die Katze sah mich wortlos an.

Das aber war noch nicht das Ende. Dieses kam, als sie am nächsten Abend trotz des Zwischenfalls – sie war ja gutherzig – ein gebratenes Hähnchen mit mir teilte. Daß ich meine

Hähnchenhälfte mit den *Fingern* aß (ich war sehr hungrig), versetzte sie in eine solche Wut, daß sie gegen alle Gewohnheit zu politisieren anfing: in einer sich mit Bolivio-Amerikanisch überschlagenden Sturzwelle von Holländisch, Spanisch, Mittelhochdeutsch und/oder Afrikaans schrie sie, ich sei ein *Oberschichter*, der glaube, sich ihr gegenüber alles herausnehmen zu können, ein *Communistproletaars* sei ich, aus dem roten Valencia, und – sie blickte starr auf ihre Katze – ein *Animalkwaeler* noch dazu. Dann sagte sie zu ihrer Katze: *Komm.*

Als ich mit meinem Köfferchen durch ihren kleinen Feigengarten zur Landstraße hinausging und mich zwecks Schließens der Gartentür notgedrungen umwenden mußte, stand sie mit der Katze auf dem Arm in losem Negligé am Fenster und lächelte mir gutherzig zu. Ich hielt die Klinke der Gartentür unschlüssig in der Hand – war dies ein Zeichen der Versöhnung, eine Einladung zur Rückkehr? Jetzt holte sie ein kleines Spitzentaschentuch hervor, nahm eine Pfote der Katze in die Hand und ließ die Katzenpfote mit dem Spitzentaschentüchlein winken. Dies belustigte sie sehr, sie lachte laut, rief immer wieder *Drolligfun*, und schien sehr zufrieden, als ich pro forma mitlachte. Noch als ich ohne Ziel die staubige Landstraße hinunterging und fast außer Sichtweite war, winkte sie mit ihrer Katzenpfote, und sicher rief sie immer noch *Drolligfun*. Auch ich lachte immer noch ein wenig mit, man fühlt sich dabei etwas weniger allein.

Alhambra

Es hatte heute in der Armenküche bei den Nonnen wie gewöhnlich *garbanzos* gegeben, die laut Langenscheidt »Kichererbsen« heißen, jedoch ganz anders schmecken, jedenfalls aber ein durchaus solides und sättigendes Abendbrot abgeben. Dennoch, trotz dieser nährenden Mahlzeit, hatte ich auf dem Weg ins Nachtquartier, einen feuchtkalten schimmelwändigen Keller in einer stickigen Gasse Palma de Mallorcas, wieder einmal der Versuchung nicht widerstehen können: Wieder einmal eilte ich aus der Armenküche ins Zentrum der Stadt, erklomm klopfenden Herzens die Stufen des Café Alhambra, saß bald an meinem altgewohnten Marmortischchen vor einem jener großen Verandafenster, und hatte ein schlechtes Gewissen. Denn wie etwa ein wohlbestallter Bürger nur ungern auf einer Kaffeehausveranda sitzt, vor der ein Hungernder unentwegt seine dürren Hände nach Almosen ausstreckt, so beunruhigte mich der Bettler, der ich noch vor zehn Minuten selber in der Armenküche gewesen. Die *garbanzos* oder eben Kichererbsen, die mir im Blechnapf bei den Nonnen so gut geschmeckt, fingen unruhig in mir zu rumoren an, der Luxusmokka des Alhambra paßte nicht zu ihnen, auch nicht die achtzehn Peseten, die ich als Klosterbettler immer noch heimlich in der Tasche trug.

Immer wieder aber, und so auch heute, geschah dann das Wunder. Die Kichererbsen wurden stiller und stiller, ein wohlig sattes Glücksgefühl breitete sich in einem aus, und wie ein Phönix aus der Asche erstand aus dem Dampf des Mokkas, auf dieser heimatlich kontinental-europäischen Kaffeehausveranda, der einstige Bürgersohn aus dem Bayrischen Viertel im Berliner Westen. Asche auf Asche, einem Doppel- oder Tripelphönix gleich, erstand aus dem Armenküchenjüngling der Literat, der Europäer, der gefeierte Dichter, der Nobelpreisträger, und alle diese saßen nun in einer Person mit durchgeistigt prominentem, wenn auch ob all ihres weltlichen

Erfolges etwas müde durchfurchtem Mimengesicht an diesem Marmortischchen einer Kaffeehausveranda mit Blick aufs Mittelmeer. Quer gegenüber, allabendlich zwischen neun und elf, saß ein anderer Großer, Georges Bernanos, an einem anderen Marmortischchen. Jetzt schrieb er mit fliegender Feder (es war, wie sich später herausstellte, das Manuskript seines *Les grands cimetières sous la lune*) – welch wunderfeines, durchgeistigt europäisches Gesicht! Nein, man war nicht allein, trotz aller Kichererbsen, auch Kollege Robert Graves, der göttliche Dichter, mochte jeden Augenblick auf diese Glasveranda kommen (Ich, Claudius, Kaiser und Gott). Verzückt kramte ich Papier und Füller aus meiner ex-Berliner Aktenmappe, begann *mein* Buch, mein erstes Buch –

Da geschah es. Ich wollte in den Boden sinken. Gemächlich, mit breitem grauen Skapulier und schwarzflatterndem Gewand, das Karmeliterkreuz am Hanfstrick ihrer Lende, schritt Sor Dolorosa, meine Kichererbsennonne, über die Plaza de la Reina und steuerte, wie von unsichtbarer Hand geleitet, auf meine Alhambra-Veranda zu. Sie durfte, sie *durfte* mich hier nicht sehen, den noch vor einer halben Stunde sanftwimperig rehäugelnden Blechnapfbittsteller der Armenküche, hier im bürgerlichen Lug und Trug seines seichten, eitlen, weltlichen Plunderkrams mit Mokka, Zigarette und dreizeiligem Anfang eines totgeborenen, unsterblichen Meisterwerkes namens »Alhambra oder die Seligkeit«.

Sor Dolorosa aber nahte mit frommem, festem Schritt. Nun schwebte sie von Tisch zu Tisch mit einer klingenden Sammelbüchse, für die *pobres,* für die Armen. Für mich. In den Boden sinken, nicht mehr sein, verschwinden, verrauchen, nur bitte bitte nicht mehr sein – es klirrte fürchterlich irgendwo aus einer Ecke in ihre Büchse, überlebenslaut, von Georges Bernanos wohl, war ja auch ein frommer Katholik, ich starrte existenzlos, selbstentleibt an mir vorbei auf Pflastersteine, auf Markierungsnägel eines Straßenübergangs, die Zigarette rauchte unverschämt existentialistisch weiter. Jetzt, jetzt kam sie zu dem, was von mir übrig war, *sah* es, die Sammelbüchse schwebte unter meinem Kinn, Gott helfe mir, die Sammelbüchse schwebte weiter, so Gott mir helfe, es klingelte und klirrte wieder fürchterlich am Nachbartisch, ein ganzer *duro* wohl – ein großes Silberstück. Das Klirren klang allmählich wieder ab, hörte endlich auf, eine Tür ging, meine Glieder wuchsen mir langsam wieder an, es war vorbei.

Am nächsten Tag stand Sor Dolorosa mild wie stets hinter dem großen Kichererbsenkessel und teilte aus. Würde sie mich abweisen? Man sah ihr nichts an. Ich kam an die Reihe, sie schenkte mir reichlich ein, gab mir dazu etwas Kaltes, Hartes.

Einen *duro*. Ein Silberstück.

Für dieses Silberstück wollte ich ihr danken, als ich ergraut nach dreißig Jahren als unfreiwilliger Gewinner eines schwedischen Gewerkschaftsloses (Gewinn: Touristenreise nach Mallorca) wieder vor dem Kloster stand. Ich stieg die wohlbekannte Hintertreppe hinauf, fragte eine kleine treppenscheuernde Nonne nach Sor Dolorosa. Sie schüttelte traurig den Kopf, sah zum Himmel, bekreuzigte sich. Auch ich bekreuzigte mich und gab ihr eine Gabe für das Kloster, die ich Sor Dolorosa hatte übergeben wollen. Die Scheuernonne zögerte, es war viel Geld, auf jeden Fall fast alles, was ich damals als schlechtbezahlter Druckereikorrektor hatte. Erst als ich sagte, Sor Dolorosa habe es mir ermöglicht, ein sehr erfolgreiches Buch zu schreiben, dies sei nur eine kleine Abtragung meiner Dankesschuld, nahm sie an.

Man soll nicht lügen, besonders nicht in Klöstern, sich zum Beispiel nicht als erfolgreicher Schriftsteller ausgeben, wenn man nichts weiter als ein frustrierter Korrektor ist. Aber Sor Dolorosa wird verstehen. Nicht wahr, Sor Dolorosa? Und ich durfte mich auch bekreuzigen? Nicht wahr, nicht wahr, Sor Dolorosa?

Der Bäcker und seine Frau

Apfelkuchen ist (neben Pflaumenkuchen) eine meiner größten Schwächen. Was etwa einem unschuldig in die Sahara verwehten Eichhörnchen der deutsche Wald, das ist mir der Apfelkuchen. Liebe soll durch den Magen gehen – Heimweh tut es bestimmt. Denn Heimweh hat viel mit Kindheit zu tun, und Kindheit viel mit Apfelkuchen.

Daß es im glutheißen, ausgedörrten Palma de Mallorca – und noch dazu während des Bürgerkrieges und unter der Franco-Besatzung – einen deutschen Bäcker mit Apfelkuchen gab, war fast eine Fata Morgana. Auch erlaubte mir der Mietzins eines begüterten opiumrauchenden Irländers – er mietete ein Plätzchen unter dem Bett meiner Kellerbehausung als Versteck für das verbotene Gift –, dieser Mietzins also erlaubte es mir neuerdings, öfters zu der Bäckerei des Herrn Peisecke zu gehen.

Der Apfelkuchen war sublim: Auch ohne Schlagsahne hatte er jenes unaussprechlich Klitschige, das eben den deutschen Wald von der Sahara unterscheidet. Hierzu paßte die junge Bäckersfrau: ihre strumpflosen, stämmigen und leicht beflaumten Beine riefen Gedankenverbindungen mit Klitschig-Feuchtem in mir wach, sie zogen mich über die Maßen an. Doch ließ ich mir nichts anmerken, um den netten Herrn Peisecke nicht zu betrüben: Ein Bäcker, der solchen Apfelkuchen backt, der soll auch solch ein Weib haben.

Die beiden waren, wie das eben gute Bäcker sind, arbeitsam, ernst, wortkarg und bescheiden. Selbst meine überschwenglichen Apfelkuchen-Elogen brachen nie den stillen Ernst. Oder ließ sich Frau Peisecke ebensowenig anmerken wie ich mir? Ließ sie den Apfelkuchen sozusagen statt ihrer selbst sprechen? Oft schien es so. Oft rückte sie ihr Haar zurecht, wenn ich die Bäckerei betrat, und zeigte dabei – sehr kühn, wie es mir schien – die unberührte Innenseite ihrer baren, nun schräg aufwärts geführten Arme, und starke, taubenetzte Haarbüschel darin. Dies sah ich mir in aller Ruhe an, es schien sie nicht im geringsten zu genieren; und gerade diese Gelassenheit erregte mich, vielleicht auch sie. Dann brachte sie mir schweigend meinen Apfelkuchen an den Tisch, und auch die Bezahlung ging, da ich den Preis schon kannte, in wundersam stillem Einvernehmen vor sich.

Nur einmal kam es zu einem Gespräch, und zwar mit Herrn Peisecke, als dieser einen *zweiten* Apfelkuchen vor mich hinstellte. (Ich hatte mich nicht beherrschen können.) Herr Peisecke sagte:

> »Wir haben Ihr dreckiges Gemauschel über die nationalsozialistische Bewegung sehr wohl gehört, Herr Landsberger, und wir haben die Nase *voll.* Sie werden sich jetzt zunächst einmal bei mir als dem Ortsgruppenleiter entschuldigen, und zwar mal'n bißchen plötzlich. Sie haben Angehörige in Deutschland, Ihre Mischpoche da, wir wissen das, das wird euch teuer zu stehen kommen. Im übrigen hauen Sie von dieser Insel ab, und zwar sofort, kapiert?«

Ich versicherte, ich hätte nie etwas Nachteiliges über die nationalsozialistische Bewegung gesagt – wozu auch, ich stände ja . . . nun, abstammungsmäßig stände ich ja sozusagen außerhalb der Ereignisse. Aber ich bäte ihn dennoch aufrichtigst um Verzeihung, denn ich müsse ja Anlaß zu Mißverständnissen gegeben haben, etwa durch rein private, wirklich völlig unpolitische, aber vielleicht manchmal im Flüsterton gehaltene Gespräche mit einem irländischen Herrn – und flehte Herrn Peisecke an (nur ihn, Frau Peisecke hatte mir den Rükken zugekehrt), meine Familie in Deutschland zu verschonen.

Was mit meiner Familie geschah, sei hier nicht berichtet. Jedoch sei Touristen in Palma de Mallorca die Bäckerei des Herrn Peisecke mit ihren wunderbaren Apfelkuchen warm empfohlen. Herr Peisecke war damals noch jung, auch später blieben Nazis ja in Spanien unbehelligt, die Bäckerei wird also noch bestehen. Sie liegt etwas außerhalb der Stadt, und zwar in Terreno, direkt am Marktplatz. (Schöner Spaziergang.) Frau Peisecke wird dagegen wohl inzwischen recht dick und behäbig geworden sein.

Maria

Warum wollte man mir nicht glauben, daß ich gegen die Faschisten war und unter Lebensgefahr, mitten im Bürgerkrieg, den Rückweg von Francos Mallorca in mein republikanisches Valencia gewagt hatte?

Als mich zwei schwerbewaffnete Wachen der rotspanischen Miliz von der Gemeinschaftshaft im zweiten Stock des Valencianer Polizeigefängnisses in eine der Einzelzellen im Keller führten – in Romanen nennt man das wohl Todeszellen –, wurde es ernst. Da oben im zweiten Stock war es bisher noch relativ gemütlich zugegangen, etwa zu zwanzig hatte man uns in dem kleinen Raum zusammengepfercht, deutsche Nazis und deutsche Emigranten, verdächtige *alemanes* also, kunterbunt durcheinander – aber die Einzelzellen im Keller *waren* Todeszellen, das hatten wir da oben schon gewußt und zu vergessen versucht, daß es so etwas da unten gab.

Nach und nach hatte man die Emigranten laufen lassen. Mir aber hatte man den deutschen Hitler-Flüchtling nicht geglaubt. Meine Beteuerungen, ich sei ein Opfer des Faschismus und ein überzeugter Freund der Republik, nutzten mir ebensowenig wie mein deutscher Paß mit dem großen »J« (Jude) auf der ersten Seite: Das »J«, erklärte man mir, sei ein besonders abgefeimter faschistischer Fälschertrick; ich sei ein Spion aus Francos Mallorca, und noch ein *spanischer* Spion dazu. (Das kommt davon, wenn man dunkelhaarig ist und die Sprache eines Landes allzu ehrgeizig erlernt.)

Daher also die Einzelzelle. Während ich allmorgendlich – oder fast allmorgendlich – nebenan ein Zerren und Kreischen hörte, und kurz danach zwei oder drei Schüsse auf dem Hof, gab ich mich in meiner Zelle bitteren Selbstbeschuldigungen hin: Es hatte mir so sehr geschmeichelt, endlich einmal als Eingeborener, als echter Spanier zu gelten, kein jüdischer Paria mehr zu sein, und so hatte ich denn beim Verhör die Hintergründe jenes »J« im schönsten und eingeborensten Spanisch der Welt erklärt. Eitelkeit. Pure Eitelkeit.

Meine einzige Verbindung mit der Außenwelt war Maria, ein kleines schmuddeliges, dicklich untersetztes Ding von etwa neunzehn Jahren, mit ausgefallenen oder von einem leidenschaftlichen Liebhaber ausgeschlagenen Zähnen. Mittags und abends brachte sie mir Brot und Suppe, und einmal eine warme Pferdedecke. Diese Decke ließ sich nicht durch die Luke schieben. Man mußte die Tür öffnen, und in der Öffnung sah ich Maria, ganz:

Es war eine Liebe auf den ersten Blick. Die kleine, göttlich gedrungene Gestalt, die herrlich platten Füße in den hanfgesohlten Alpargatas, das breite, wunderbar einladende zahnlose Lächeln. Das war nicht Heinrich Zille; das war Maillol, nein Michelangelo, nein: Maria.

»Maria, wenn ich jemals freikommen sollte, dann lad' ich dich ins Kino ein.« Sie strahlte. Das dunkle, schummerige Kino bedeutet im sittenstrengen Spanien die Seligkeit, in einem Stand wie ihrem fast Verlobung. O wie sie strahlte, meine Maria, wie sie lachte, wie kühn sie es entblößte, dieses nackte, berauschend schöne Loch der ausgeschlagenen Vorderzähne.

Sie schob das Essen nicht mehr durch die Luke, öffnete jetzt stets die Tür, lachte und schwatzte, die Göttliche, und brachte mich mit einem anarchistisch-kommunistischen Analphabeten in Verbindung, der jeden zweiten Tag im ersten Stock des Polizeigefängnisses residierte und jetzt Polizeipräsident von Valencia war. (Vielleicht war er der Liebhaber gewesen, der ihr die Zähne ausgeschlagen hatte.)

Der mächtige Mann glaubte mir – er glaubte mir so sehr, daß er mich im Namen der republikanischen Regierung, die jetzt in Valencia residierte, eines Spionageauftrags auf dem faschistischen Mallorca, woher ich gerade gekommen war, für würdig hielt. Diesen Auftrag auszuführen, war schon rein technisch ein Ding der Unmöglichkeit – ich hatte ihm ja wahrheitsgemäß berichtet, daß man mich dort als deutschen Flüchtling hinausgeworfen hatte –, aber das war für den anarchistisch-kommunistischen und noch dazu analphabetischen Polizeipräsidenten, der mich überdies bisher als einen waschechten Faschisten gefangengehalten hatte, offenbar zu kompliziert, ja drohte seinen Argwohn aufs neue zu erwecken. Und da man nach Mallorca, einer Insel im Mittelmeer, jetzt nur über Frankreich kommen konnte, also über die Freiheit, spielte ich den solidarischen Genossen und willigte ein.

Ich war entlassen, frei, rasiert und sauber angezogen. Mein Koffer war für Frankreich (offiziell Mallorca) gepackt, in meiner treuen Berliner Aktentasche lag rotspanisches Regierungsgeld – Blankoschecks auf das Comptoir National d'Escompte de Paris (wohl vor Genickschuß einem Valencianer *capitalista* abgezwungen, ziemlich zitterig unterzeichnet, ich hab die Dinger immer noch nicht eingelöst); weiter eine Mikrokamera und schließlich ein paar Dokumente, die mich als Agenten der Regierung schützten.

Wieder holten mich zwei schwerbewaffnete Wachen zu Hause ab, diesmal aber dienstwilligst im Milizauto zur sowjetrussischen Botschaft, als VIP, der dort weitere Instruktionen erhalten sollte. Der Weg führte am Polizeigefängnis vorbei, aus alter Vertrautheit sah ich hin. Am Gittereingang stand etwas Kleines, Unscheinbares, Schmierig-Schmutziges, das mich aus hohlem Munde anzulächeln schien. Nur flüchtig sah ich es durchs Autofenster, wir fuhren schnell.

Maria.

Nein, nein, daß ich die spanische Regierung betrog, bedrückt mich nicht. Daß ich kein Kommunist bin, und auch kein Faschist, bedrückt mich nicht. *Das* bedrückt mich nicht. *Das* nicht.

COMISARIA DE ORDEN PUBLICO
SERVICIO INFORMACION
VALENCIA

Núm. 128

El súbdito alemán, WERNER LANSBURGH, ha estado detenido en esta Comisaría de Orden Público (Sección de Información) y sólo por las reiteradas reclamaciones, que ha hecho el Cónsul de Austria, ha sido puesto en libertad.

Se extiende este documento, a petición del interesado, que firmo en Valencia a catorce de Diciembre mil novecientos treinta y seis.

Juan Cobo

COMISARIA DE ORDEN PUBLICO
SERVICIO INFORMACION
VALENCIA

Núm. ....

El súbdito alemán, WERNER LANSBURGH, va a Francia a una mision especial ordenado por esta Comisaría de Orden Público (Sección de Información).

Por lo tanto se ruega a todas las Autoridades, Milicias y demás Fuerza Armada no le pongan obstáculo alguno, antes bien le presten la ayuda que solicitare.

Salud y República

Valencia 14 de Diciembre de 1936

El Comisario

Juan Cobo

COMISARIA DE ORDEN PUBLICO VALENCIA INFORMACIÓN

Strandgut Europa

Plötzlich diese namenlose Angst. Kaltblütig war ich noch vor ein paar Minuten an Leichen Ermordeter in den Straßen Valencias vorbeigegangen, Bombendetonationen im nächsten Häuserblock hatten mich nicht sonderlich aufgeregt, sogar in einer Todeszelle hatte ich mit klarem Kopf gesessen – und jetzt diese namenlose, grundlose Angst vor drei oder vier Schatten, ein paar johlenden Milizsoldaten auf der menschenleeren Straße um Mitternacht.

Nur ein paar Anarchisten oder Kommunisten oder was das nun für abgerissene Brüder waren. Woher die plötzliche Angst?

Es hatte keinen Sinn zu fliehen. Wenn man auch nur den geringsten Grund zum Argwohn gab, würden sie schießen. Überall hallten Schüsse, man holte jetzt wohl wieder irgendwelche Bürger oder *capitalistas* aus den Betten, alles knallte alles ab, Francos weißer Terror hatte Madrid erobert, und der rote Terror die spanische Republik.

Einfach weitergehen? Jeden Augenblick einen Schuß in den Rücken bekommen? Sie hielten Schritt. Ich drückte mich in das Halbdunkel eines Hauseinganges hinein, als wäre ich ganz harmlos in das Haus hineingegangen. Immer näher kamen sie, immer längere und schärfere Schatten warfen sie mit ihren Maschinenpistolen im fahlen Licht der ausgestorbenen Straße, gegen den leichenblassen Fassadenstuck der verfallenen Häuser, gegen schwarze, hohle Fenster. Noch nie hatte ich mich so allein gefühlt. Und noch vor ein paar Stunden hatte ich Narr geglaubt, einen Polizeipräsidenten an der Nase

---

Links: Zwei Dokumente aus dem Spanischen Bürgerkrieg, vom kommunistischen Polizeipräsidenten von Valencia für einen Spionage-Auftrag unterschrieben: Ich sei ein Faschist und deshalb aus der Spanischen Republik ausgewiesen, bzw. ein Bevollmächtigter der Spanischen Republik und deshalb von allen Behörden zu unterstützen.

herumzuführen und nach Frankreich entkommen zu können.

Das Johlen wurde stärker. Sie schienen betrunken zu sein. Sie werden mir nicht glauben, werden auch meinen schönen Regierungsdokumenten nicht glauben, sie nicht einmal lesen können; aber riechen werden sie, *riechen,* daß ich Angst habe, ein Bürger bin, ein Verräter, ein Ausreißer, und mich abknallen, auf ihren Riecher hin, es geht ja so schnell –

Sie waren da. Ihre Schatten berührten mich. Sie blieben stehen, das Johlen verstummte, unter der Bogenlampe richteten sich ihre grellen Gesichter in meine dunkle Ecke, sahen mich, lachten kreischend und höhnisch, die Söhne des Volkes, sie zeigten auf mich, johlten, taumelten weiter.

Es war vorbei.

Regungslos kauerte ich in meiner Ecke, bis das letzte Johlen verhallt war, es fing stark zu regnen an. Dann fluchtartig nach Haus, in belebtere Straßen, wieder Menschen, o Menschen, auch ich wieder Mensch, ob nun Verräter oder nicht.

Fast zu Hause; aber das letzte Stück des Weges war versperrt. Wieder die namenlose Angst. Quer über meine eigene Straße blockierte ein kompakter Lastwagenzug den Zugang bis auf den Bürgersteig der kreuzenden Straße hinauf, drohend und schwarz. Drei oder vier riesige Lastwagen, schwarzschimmernde, haushohe Dinosaurier mit regennassen Segeltuchhäuten im Dunkel der Nacht. Waffen oder Panzersperren oder Munition, öde sich selbst überlassen. Nur ein schmutziger, stoppelbärtiger Milizmann mit MG war vor einem der Wagen zu sehen. Er spuckte schleimig in den Regen und rollte eine Zigarette.

»Darf man hier durch?« fragte ich zitternd, als gäbe es nur diesen einen Weg nach Hause, als hätte meine Straße keine andere Querstraße, als hinge mein Leben von dieser einen Durchgangsstelle ab.

Si puedes acacharte, brummte der Zigarettendreher – wenn ich kriechen könne, so könne ich vielleicht durch, und spuckte in den Rinnstein.

Ich streckte mich bäuchlings auf das regennasse Pflaster des Bürgersteiges, sah über mir den Lastwagenboden mit unheimlich anmutenden Verschlägen und fragte ängstlich den Zigarettendreher von unten herauf, ob das vielleicht explodieren könne und was es überhaupt sei. Er sah mich nicht an, brummte nur *pra* oder so ähnlich, und spuckte schleimiger als zuvor.

Wie bitte? fragte der Bürger bäuchlings auf seinem Bürgersteig.

El pra, brummte er.

Ach Verzeihung, wie bitte?

El Pra-do, el Museo del Pra-do, wiederholte er gereizt.

Velazquez. El Greco. Tizian. Raffael. Goya – Goyas Greuel des Krieges, Velazquez' Meninas, El Grecos Auferstehung, Tizians Venus, Dürers Selbstporträt. Der Prado, El Prado de Madrid. Die Perle Europas, auf drei oder vier Lastwagen, im Regen um Mitternacht, als Flüchtling aus Madrid evakuiert, allein.

Dónde, Wohin, fragte ich den Zigarettendreher. Aber er antwortete nicht mehr.

Europa, allein.

Dann kroch der Bürger bäuchlings im Regenschlamm des Bürgersteiges eifrig und beflissen unter Velazquez, Tizian und El Greco hindurch.

Dónde, wohin.

Papierkorb

1939–55

Es kommt der Tag

Geheimrat Dr. Dr. I. Glaubitzer war ein kleiner, verhutzelter, etwa sechzigjähriger Herr, Oberbibliothekar an der ehemals kaiserlich-königlichen Nationalbibliothek zu Wien, nunmehr als eine Art Sozialfall »arkivarbetare« oder Archivarbeiter an der Universitätsbibliothek Uppsala, Schweden. In diesem imposanten Gebäude, das unter anderem den berühmten Codex argenteus oder die Silberbibel beherbergt (von den Schweden während des Dreißigjährigen Krieges aus Prag mitgenommen), saß Dr. Dr. Glaubitzer im vierten oder fünften Stockwerk, auf jeden Fall im Dachgeschoß, in irgendeiner Ecke, wo man ihn als jüdischen Flüchtling duldete und mit Registrierungs- und Archivierungsaufgaben unterstützte, die eine Kenntnis der alphabetischen Reihenfolge und darüber hinaus eine leserliche Handschrift erforderten.

Jedermann in dieser großen Bibliothek kannte das kleine Männlein – als Original, gleichsam als Statuette. Nun grüßt man ja Statuetten nicht, besonders nicht in einem so vernünftigen Lande wie Schweden, und so kam es, daß Dr. Dr. Glaubitzer, wie übrigens alle anderen Emigranten, kaum einen Schweden kannte oder grüßte. Zuweilen aber schritt er, obwohl er eigentlich in die Ecke jenes Dachgeschosses gehörte – nun, zuweilen schritt er nach Art eines Oberbibliothekars mit wichtig klimperndem Schlüsselbund (wohl den Schlüsseln zu seiner Kellerbehausung in der Stadt) durch den großen Lesesaal der Bibliothek, wie er es wohl in Wien getan haben mochte, blickte inspizierend nach rechts und nach links, würdigte mich wohl auch eines Blickes oder ein paar leutselig flüchtiger Worte, und schritt dann gravitätisch weiter.

Einmal titulierte er mich sogar als »mein sehr verehrter Herr Kollege«, und einmal – ein einziges Mal – war ich »mein lieber, guter alter Freund«. Das ereignete sich eines kalten schwedischen Winterabends.

Es war im Jahr 1940. Mir war es vor einem Jahr geglückt,

an einem kleinen Küstenort, wo kein Grenzbeamter die Bedeutung des »J« in meinem Paß verstand, nach Schweden hineinzukommen. Dann war der Krieg ausgebrochen, und ich suchte mein Auskommen in Uppsala, einer Universitätsstadt, die vielleicht am ehesten eine Arbeitschance für Leute wie mich bot. Im Augenblick, da Kohlen für mich unerschwinglich waren, wärmte ich mich in der Universitätsbibliothek.

»Mein lieber, guter alter Freund –«, Dr. Dr. Glaubitzer sah alt und müde über sein goldgerändertes kaiserlich-königliches Pincenez zu mir herauf, es war in der gipsfigurengezierten, menschenleeren Vorhalle der Bibliothek, er war auf dem Weg zu seiner Kellerbehausung im Osten der Stadt, war vor der gläsernen Drehtür stehengeblieben, vor dem Stockdunkel der Straßen (auch im neutralen Schweden verdunkelte man während des Krieges), er hatte mich bei beiden Händen gefaßt: »mein lieber, guter alter Freund«. Er berichtete im Flüsterton, man habe ihn in seiner Eigenschaft als »Archivarbeiter« angewiesen, das alphabetische Sachregister am Ende einer botanischen Doktorarbeit eines jungen Schweden zusammenzustellen. »Ich werde das auch tun«, sagte er sehr leise, »ich werde das auch tun.« Er werde also, sagte er, die von diesem botanischen Jüngling kompilierten und klassifizierten siebenhunderteinundachtzig Lebermoosarten unter ihren jeweiligen Anfangsbuchstaben registrieren, zum Beispiel Hepatica calcifera Nilson (so hieß nämlich der junge Mann, Nilson) sowohl unter H (Hepatica) als auch unter N (Nilson) – sowohl unter H als auch unter N, Nilson, wiederholte er nachdrücklich; er werde aber den von diesem Jünglinge Nilson angegebenen Fundort jenes Lebermooses nicht unter O aufführen, *nicht* unter O. Er sprach lauter.

O?

Ja, O, antwortete er. Der Fundort dieser Lebermoosspezies sei von dem Jünglinge Nilson als Sankt Pölten, Ostmark, angegeben worden. Der Jüngling Nilson habe darauf bestanden, dies unter O, Ostmark, aufzuführen, der nationalsozialistischen Bezeichnung eines der ältesten Kulturländer Europas, und der Jüngling Nilson habe das vom Oberbibliothekar der Nationalbibliothek zu Wien, dem Wirklichen Geheimen Rat Dr. Dr. I. Glaubitzer vorgeschlagene Ö, Österreich, abgewiesen. Er sprach jetzt sehr laut. Er hielt immer noch meine Hände in den seinen, und seine Hände zitterten. »Mein lieber, guter alter Freund«, sagte er. Er schrie:

»Wenn die Herren glauben, es sei mit dem Oberbibliothekar der Kaiserlichen und Königlichen Nationalbibliothek in Wien zu Ende, dann haben sich die Herren GEIRRT. Warten Sie nur, warten Sie nur, meine Herren, meine sehr geehrten Herren in Schweden und im Braunen Haus, WARTEN SIE NUR, ES KOMMT DER TAG!«

Die leere Halle dröhnte hohl, die Gipsbüsten starrten den kleinen Mann sprachlos an, wie er sein heruntergefallenes Pincenez vom Marmorboden aufnahm und dann geradlinig, ohne Gruß, durch die gläserne Drehtür hindurchzuschreiten versuchte, noch einmal sein Pincenez auflas, und zwangsläufig kreisend in den dunklen schwedischen Winter hinein verschwand.

Nach zwei Wochen las ich eine kleine Zeitungsnotiz:

». . . har ägt rum i all stillhet« (hat in aller Stille stattgefunden).

Der Wortführer

Der Wortführer und damit höchster Funktionär der Uppsalaer Studentenschaft war ein mächtiger Mann, und diesen suchte ich im Jahre 1941, mitten in einem Weltkrieg also, auf, um als vertriebener Student aus Berlin seinen Rat einzuholen, vielleicht auch seine Hilfe.

Der Wortführer war ein jüngerer Mann mit einem etwas milchigen, weder Haare noch auch sonst besondere Merkmale aufweisenden Kopf, dessen Vorderseite jedoch an einer sehr markanten Hornbrille mit breiten schwarzen Rändern um zwei blankpolierte Fischaugen herum erkennbar war. Er hörte sich meine Leidensgeschichte sehr wohlwollend an, was angesichts gleichzeitiger antisemitischer Studentendemonstrationen in Uppsala durchaus keine Selbstverständlichkeit für einen Wortführer der Studentenschaft war, wußte aber dennoch keinen Rat – ich hätte ja nicht einmal ein schwedisches Abitur, und das Studium, nun ja, das sei in jedem Land verschieden. Was ich denn sonst vielleicht noch könne?

Ich könne *schreiben,* sagte ich. Dies mochte eine Übertreibung gewesen sein, wurde aber sowieso nicht näher diskutiert, da ich ja nicht auf schwedisch schrieb. Der Wortführer nickte nur stumm und fragte, was ich denn sonst noch vielleicht könne.

Ich könne *zeichnen,* sagte ich. Auch dies mochte eine Übertreibung gewesen sein, aber was blieb denn sonst noch übrig außer 136 Pfund Fleisch mit schwarzen Haaren? Man kam sich plötzlich so nackt vor. Sollte man sagen, man könne *niesen?* Meine Gedanken schweiften, ich sah zu Boden.

Der Wortführer aber wirkte interessiert. Ob ich Arbeitsproben von Zeichnungen bei mir hätte, fragte er, er habe da vielleicht eine Idee. Nein, an Arbeitsproben hatte ich nicht gedacht, wie dumm und lebensfremd man doch war. Ob ich ihn vielleicht abzeichnen dürfe, gleich hier, fragte ich, als Arbeitsprobe sozusagen?

Der Wortführer sah flüchtig auf die Uhr, willigte ein, setzte sich freundlich in Positur und zündete sich eine von mir angebotene, leider sehr schlechte Zigarette an. Papier und Füller waren bald in meiner alten Berliner Aktenmappe unter den mitgebrachten Studienzeugnissen gefunden, sogar ein altes Taschenmesser zum Radieren. Der Füller ward entschraubt, jetzt ging es um die Wurst.

Mit roten Ohren, feurig inspirierten Blicken, großzügig hingeworfenen, hörbar kühnen Federstrichen fuhr es auf dem Papier einher, in souveränem Künstlerfurioso um jenen milchig frommen, eierrunden, leicht unterbelichtet protoplasmableichen und doch auch wieder stellenweise (hier kreiste die Feder passioniert) schwarz und markant bebrillten Kopf des Führers der Studenten von Uppsala – bis die feurigen Striche immer kleiner wurden, immer zaghafter und ängstlicher, und jenes leere Stück Papier, das anfangs in seiner weißen Unschuld dem Modell so ähnlich gewesen, an meinen eigenen Strichen zu ersticken schien. Das Taschenmesser schabte und radierte immer geschäftiger, ich kratzte wie ein Ausgebombter im eigenen Trümmerschutt herum, versuchte meine Strichelei pointillistisch zu vertuschen, zu verbuddeln wie Hunde mit den Hinterpfoten an altberliner Laternenpfählen, kratzte weiter (er sah auf die Uhr, schon über eine Stunde), ich entschuldigte mich, kratzte noch schnell ein letztes Mal, reichte ihm das Blatt, sagte, ich könne eigentlich viel besser zeichnen – na, nicht *viel* besser leider, ich wolle nun auch keine falschen Vorspiegelungen machen –, wischte mir den Schweiß von der Stirne, sah ihn an (ach, er sah ganz anders aus), erwartete sein Urteil, hing an seinen Lippen.

Inte så dumt, »gar nicht so dumm«, sagte der Wortführer. Er hielt das Blatt etwas schräg nach links vor sich hin, dann schräg nach rechts, dann waagerecht mit schräg geneigtem Kopf, kniff erst das eine und jetzt das andre Fischauge zu – *inte så dumt,* wiederholte er, nur vielleicht die *näsa,* Nase, könnte – oder vielleicht sei es auch nur der Mund, das Kinn eigentlich, oder läge es vielleicht am *Hals,* er meine eigentlich die Kieferpartie, wohl im Verhältnis zu den Ohren, besonders da oben an der Stirn vielleicht, und um die Augen herum – na, er verstehe ja nichts davon (er hielt das Blatt jetzt umgekehrt gegen das Licht, das Ganze wirkte schief). *Inte så dumt,* wiederholte er.

»Sie sagten, Sie hätten vielleicht eine Idee?« fragte ich kleinlaut.

Ja ja, gewiß, ganz richtig. Mit etwas »fixerem Griff«, meinte er, würden Porträtskizzen sicher ansprechen. Er rate mir, mich ganz einfach in ein Café zu setzen, dort Leute abzukonterfeien und ihnen dann ihr Abbild käuflich anzubieten. Aber man solle diese Leute nicht vorher fragen, dann würden sie natürlich nein sagen. Auch solle man sich beim Zeichnen ganz unauffällig placieren, am besten in irgendeiner abgelegenen Ecke des Cafés, wo einen niemand sähe.

Ob er denn glaube, daß ich genug Talent habe, fragte ich. Er bejahte mit Nachdruck, was mir neues Selbstvertrauen gab. Er wollte gerade, wohl zu weiterer Ermutigung, von den Londoner »pavement artists« erzählen (Bettlern, die auf Trottoiren zeichnen), als wir von einer Studentendelegation finnischer Stipendiaten unterbrochen wurden. Unschlüssig zog ich mich zurück, suchte eine Tür.

Der Sprecher der finnischen Studentendelegation hatte einen großen Blumenstrauß in der Hand und dankte mit einer kleinen Ansprache in gebrochenem Schwedisch für die großzügige finanzielle Hilfe, die ihnen die Studentenschaft zu Uppsala für ein Weiterstudium in dieser schönen Stadt habe angedeihen lassen. Nie würden sie diese brüderliche Hilfe, diesen mächtigen Beweis akademischer Solidarität vergessen, wo sie nun in eine bessere Heimat zurückkehrten. (Finnland kämpfte seit einigen Wochen auf seiten Hitlers.)

Inzwischen hatte ich eine Tür gefunden, öffnete sie so leise wie möglich und schloß sie dann hinter mir – zu meiner eigenen Überraschung ziemlich laut.

Papierkorb

Professor Vikingius brauchte einen Übersetzer. Da nun Hitler immer noch den Großteil Europas beherrschte und Schweden als neutrales Land es kühl und sachlich mit dem Stärksten hielt, so brauchte Professor Vikingius einen Übersetzer ins Deutsche.

Professor Vikingius war ein berühmter Philosoph. Dies vor allem deshalb, weil er ein Schüler und Nachfolger jener zwei Philosophen war, die das Denken des Abendlandes von Grund auf revolutioniert haben: Axel Hägerström und Adolf Phalén.

Axel Hägerström (1868–1939) und Adolf Phalén (1884–1931), die ebenfalls in Uppsala gewirkt hatten, etwa zwei Bushaltestellen von Professor Vikingius entfernt (genau 820 Meter, vorbei an sieben recht großen Villen einheimischer Nobelpreisträger), waren die Gründer der in Schweden weltberühmten *Uppsalafilosofin* oder Uppsala-Philosophie gewesen. Diese Philosophie räumt weltbekanntlich ein für allemal mit jener »gefühlsduseligen Metaphysik« auf, wie sie vordem von sentimentalen Dilettanten wie Kant, Hegel und Schopenhauer mitsamt Spinoza, Plato und Aristoteles vertreten worden war. Ja, nicht einmal einen so titanisch überragenden Denker wie Ingemar Larsson in Göteborg hatte man geschont.

Anstelle dieser Gefühlsduseleien nun hatte die Uppsala-Philosophie die sogenannte Logische Begriffsanalyse eingeführt, eine völlig sachliche, ungefühlsduselige und nüchterne Analyse der in jahrtausendelangem philosophischem Zwist und Hader in x-beliebiger Bedeutung angewandten *Worte*. Endlich also ein Weg, alle weltanschaulichen Leidenschaften objektiv auf ihren sprachlich-semantischen Wortgehalt herunterzuschrauben und folglich zu neutralisieren wie etwa die Worte Hölderlins im Großen Duden oder die Neunte Symphonie in einem Schalldruckmesser. Daß dieses letzte Wort der Philosophie nur in einem so ausgewogenen, leidenschaftslosen und neutralen Land wie Schweden und in einer so stillen Stadt wie Uppsala gesprochen werden konnte, versteht sich von selbst.

Für einen Übersetzter jedoch ergeben sich hier einige Schwierigkeiten. Professor Vikingius hatte in der Arbeit, die von mir ins Deutsche zu übertragen war, die komplizierten Begriffe eines Kant und Hegel auf sehr einfache schwedische Worte hinunteranalysiert – und diese einfachen Worte waren nun von mir in eine Sprache zurückzuübersetzen, die nicht zuletzt durch das Hinzutun gefühlsduseliger Wortpräger wie Kant und Hegel etwas umfangreicher als die schwedische war. Es wurde alles wieder fast so kompliziert wie vordem. Schadenfroh grinsten Kant und Hegel in den ewigen Gefilden einer fernen Heimat und antworteten nicht auf meine Frage, wie etwa *känna* zu übersetzen sei – mit Langenscheidts *fühlen* oder *kennen* oder *glauben* oder *riechen* oder *wissen,* was vielleicht rein philosophisch, aber doch kaum sprachlich auf dasselbe herauskam. »Riechen« kam auf jeden Fall nicht in Frage; ich schrieb *wissen,* was wußte denn ich, erleichterte mein Gewissen mit einem schwedischen Schnaps nach dem andern, bis es nach einem Dutzend Seiten einfach nicht mehr weiterging: Meine Übersetzung jenes logisch begriffsanalytischen Werkes war ein chaotisches Wortgewirr geworden, das sich auf jeder zweiten Zeile widersprach, sofern es überhaupt noch Sinn genug besaß, sich widersprechen zu können. Verzweifelt suchte ich Professor Vikingius auf.

Der große Philosoph fand meine Übersetzung *utmärkt,* ausgezeichnet. Trotz seiner rabiaten Angriffe auf Kant und Hegel, ja sogar auf Ingemar Larsson in Göteborg, war er rein persönlich wie alle Schweden ein außerordentlich toleranter Mensch: Nein, nein, ich solle nur so weitermachen, ich brauche mich in keiner Weise zu beunruhigen. Zu weiterer Beruhigung holte er den mir bereits bekannten schwedischen Schnaps herbei und gab mir dann zum Abschied, als moralische Stütze und Übersetzungshilfe, eine schwedische Zeitschrift. In dieser, sagte er, habe ein deutscher Emigrant über die Uppsala-Philosophie geschrieben, über Axel Hägerström und über Adolf Phalén, auf deutsch.

In meiner Mansarde angelangt, studierte ich die Zeitschrift. Der »deutsche Emigrant“ war einer der bedeutendsten Philosophen meiner Zeit, auf der Flucht aus Hitler-Deutschland, auf der Suche nach einem Asyl. Ernst Cassirer. Man hatte ihn eine Weile in Schweden geduldet, ja er durfte sogar in einer schwedischen Fachzeitschrift einen philosophischen Artikel schreiben, will sagen über Axel Hägerström und Adolf Phalén:

»Ich gestehe«, schrieb er, »daß mir diese Schriften bis vor kurzem nur unvollständig bekannt waren. Aber die Notwendigkeit, mich mehr als bisher in sie zu vertiefen, stand mir seit den ersten Tagen meines Aufenthaltes in Schweden vor Augen.«

»Ich gestehe.« Verzeiht! Verzeiht dem armseligen hergelaufenen Flüchtling, daß er bisher so wenig von den Größten der Großen ahnte. Er wird sich mehr als bisher in sie vertiefen. Verzeiht!

Ich nahm meine Übersetzung, zerriß sie, warf sie in den Papierkorb. Dann das Manuskript des Professor Vikingius hinterher, in den Papierkorb. Dann den Papierkorb zum Fenster hinaus, durch die doppelten Fensterscheiben, auf die Straße. Dann selber auf die Straße, die verschneite, zusammenklaubend. Dann zurück in meine Mansarde, Wiederherstellungsversuche die ganze Nacht hindurch. Dann, als der Morgen über einem fast wieder vollständig intakten Stoß von Manuskripten graute – es war sehr kalt, das Fenster ausgeschlagen – sechs schwedische Schnäpse hintereinander. Dann – mein Gott, man wird sich's wohl nach einem sechsten Glas erlauben dürfen – Tränen.

Das auserwählte Volk

Wer mit Schmutz beworfen wird, ist schmutzig. Fast möchte ich sagen: wer beschuldigt wird, ist schuldig. Denn schließlich sind wir ja alle arme Sünder und sollten uns in christlicher Demut jene Fehler zu Herzen nehmen, die man uns vorwirft. Gott schütze uns vor Selbstgefälligkeit.

In ganz besonders hohem Grad gilt dies von einem Menschen, der Tag für Tag und Jahr für Jahr in seiner Heimat mit allen zu Gebote stehenden Ausdrucksmöglichkeiten seiner eigenen Sprache – gedruckt, gesprochen, gerundfunkt, gesungen, geschrien (wir sind in den besten Jahren des Dritten Reiches) – als Fremdkörper bezeichnet wird, als Schmutzfink, als Schmarotzer, ja als Untermensch, und bestenfalls, von Vätern seiner eigenen humanistischen Bildung gar (Theodor Mommsen zum Beispiel), als zersetzend, als destruktiv. Ein solcher Mensch wird in sich gehen, und tut recht daran – er wäre in der Tat ein Schmutzfink, ein Schmarotzer usw., und noch dazu ein aufgeblasener, wenn er sich dennoch völlig sauber vorkäme. Denn wie gesagt: Wer besudelt wird, ist nicht mehr rein.

Wenn nun ein solchermaßen Angesprochener noch obendrein sehr jung, innerlich also noch nicht völlig gefestigt ist, und wenn er noch dazu ein Deutscher ist und somit ein geborener Misanthrop – ein Mensch also, der Menschen und damit auch sich selbst verachtet, zum Beispiel Leistungen anderer am wirksamsten mit einem abfällig deutschen »das könnte ich auch« entwertet –, dann liegen geradezu ideale Voraussetzungen dafür vor, daß er sich etwa morgens beim Rasieren etwas anders ansieht als gewöhnliche Menschen das tun.

Er wird sich in die Augen sehen müssen, wie sie ihm da aus einem kleinen, nun schon etwas blinden Spiegel aus Berlin-Schöneberg in einer winterkalten Mansarde in Uppsala entgegenstarren, während vielleicht draußen, vor dem wilhelminisch prunküberladenen Universitätsgebäude von Uppsala etwa, schwedische Studenten gegen die Zulassung jüdischer Flüchtlingsakademiker demonstrieren. Er wird diese Augen im Rasierspiegel schwarz finden, schmutzfinkig schwarz, schmarotzerhaft und schmierig, und wieder und wieder wird er sich klarzumachen versuchen, was das eigentlich ist, dieses bis zur Bewußtlosigkeit gehörte und zerhörte und zerlebte und zerfluchte Wort: Jude.

Das auserwählte Volk, mag er sich vor seinem Spiegel sagen, fein säuberlich von seinem Schöpfer auserwählt, herauspräpariert, von allen Schlacken und Bindungen des Bodens, der Nation, der mitbürgerlichen Gemeinschaft befreit, unstet und flüchtig, wurzellos, von seinem erbarmungslosen Jahve zwischen zwei Riesenfingern emporgehalten, armselig zappelnd, nackt zur Schau gestellt, den Misanthropen, den Deutschen, sich selber zur Schau gestellt, als Homo sapiens in Reinkultur, als kahlgerupfter Homunkulus, als – ach wie jüdisch, wie zersetzend, wie destruktiv gesagt: als das Erbärmlichste der Schöpfung: *Mensch*.

So war's mir damals. Inzwischen ist Israel entstanden, als das einzige Land – geliebt, gehaßt –, in dem es keine Juden mehr gibt.

Schwer zu sagen

Hitlers Gebrüll war vorüber, es war aus dem Radio meines Nachbarn durch die dünnen Holzwände meiner Mansarde in Uppsala gedrungen, deutlich Wort für Wort, das einzige Deutsch aus Deutschland seit langer Zeit. Geiferndes Gebrüll. Und doch fast nachbarlich. Fast eine Brücke.

Jetzt war es still. Das Zimmer war kalt, kriegswinterkalt, Brennholz für den Ofen war zu teuer. Die Hände waren klamm, kaum konnte ich den Brief öffnen, der im Türspalt saß. Ein Rundschreiben des deutschen Flüchtlingskomitees in Uppsala. Man bat um einen Beitrag von fünf Kronen für eine Ehrengabe zum sechzigsten Geburtstag einer flüchtlingsfreundlichen Kulturkoryphäe der Stadt. Die Gabe, sagte das Rundschreiben, werde feierlich mit einer künstlerisch ausgeführten Glückwunschadresse überreicht, welche die Namen aller Spender – gegebenenfalls also auch den meinen – enthalten werde. Der Text der Adresse war beigefügt und begann wie folgt:

»Wir Kämpfer für Freiheit, für Demokratie und Menschenrechte wollen an diesem Tage Ihnen, hochverehrter Herr Professor . . .«

Dem hochverehrten Herrn fünf Kronen zu spenden war an sich möglich, wenn auch nur auf Kosten eines noch ungeheizteren Zimmers. Viel größere Schwierigkeiten bereitete dagegen die Aufforderung, sich mit seinem eigenen Namen auf die goldenen Seiten der Geschichte als Kämpfer für Freiheit, Demokratie und Menschenrechte eintragen zu lassen. Ich war aus meinem Lande hinausgeworfen worden, und zwar lediglich auf Grund meiner Rasse und völlig gegen meinen Willen. Was hatte ich selber (und was hatten die vermutlich aus gleichem Grunde emigrierten Leute vom Flüchtlingskomitee – aber das war ja nicht meine Sache), was hatte ich denn selber für Freiheit, Demokratie und Menschenrechte getan?

Mir fiel nichts Nennenswertes ein.

Wie hoch hätte ich zum Beispiel meinen Arm zum Hitlergruß emporgestreckt, wenn mir dies als vollwertigem Mitglied der Volksgemeinschaft erlaubt gewesen wäre?

Antwort bitte.

Ja, schwer zu sagen. Man war ein Bürgersohn aus dem bürgerlichsten Teil Berlins, hatte studiert, war an Bettlern, Arbeitslosen, Flüchtlingen (aus Rußland, damals) diskret vorbeigegangen, hatte eine besondere Vorliebe für blonde, später von den Nazis als »arisch« gepriesene Mädchen gehabt und fühlte sich überhaupt und durchaus als Deutscher. Wer von einer Kollektivschuld des deutschen Volkes an den Verbrechen des nationalsozialistischen Regimes spricht, hätte folglich einen Jüngling wie mich mit einzubeziehen. Warum man nun nie ein Nazi war – ob notgedrungen als Jude, ob aus freien Stücken als Aufrechter – ja, schwer zu sagen; denn leider hat man eine Wahlfreiheit nie gehabt: die wurde uns auf immer geraubt.

Combien d'Allemands, wie viele Deutsche, glaube er, seien Gegner des Nationalsozialismus? Ein Korrespondent des *Temps* interviewte meinen Vater kurz nach der Machtübernahme, ich lauschte an der angelehnten Tür.

»Etwa 49 bis 51 Prozent«, hatte mein Vater geantwortet; »die Majorität, dieses äußerst wichtige eine Prozent, schwankt hin und her.«

Mais non, hatte der Journalist ausgerufen, seien wirklich ganze – mit der stolzen Klarheit französischer Logik rechnete er Prozente zu absoluten Zahlen um – seien wirklich ganze dreißig oder vierzig Millionen Deutsche Gegner des Nationalsozialismus? Wo sei denn da der sichtbare Widerstand?

Mein Vater schüttelte müde den Kopf, sah den Journalisten noch müder an und sagte, es ginge hier nicht um Millionen, so etwas sei unwesentlich; es ginge um 49 bis 51 Prozent (die Majorität schwanke wie gesagt) – um 49 bis 51 Prozent *en chaque Allemand,* in *jedem* Deutschen.

»Zwei Seelen wohnen, ach! in meiner Brust«, hatte Dr. phil., jur., med. et theol. Heinrich Faust gesagt – die eine Seele, wie bekannt, in der Studierkammer mit Nostradamus in der Hand, die andere im Hurenbett mit Gretchen.

»Mit meinem Geist das Höchst' und Tiefste greifen«, hatte er gesagt. Wo ist die *Mitte?* Wo ist, zwischen österlichem Engelchor und kerkerschwarzem »Heinrich, mir graut's vor dir« – wo ist die bescheidene, unscheinbare Mitte, die sehr wenig mit deutscher »Kultur« und sehr viel mit ein bißchen Anstand und Zivilcourage zu tun hat? Wo war sie, diese bescheidene Mitte, bei mir?

Schwer zu sagen.

Ich legte meine fünf Kronen in das braune, vom deutschen Flüchtlingskomitee in Uppsala bereits voradressierte Kuvert, und dazu noch einen Zettel mit der Bitte, meinen Namen in der Liste der Kämpfer für Freiheit, Demokratie und Menschenrechte wegzulassen.

Die Postkarte

Ob der Oberrabbiner ein Antisemit war? Gegen Juden schien er nichts zu haben, aber ich war ja keiner, war nur ein »Nichtarier«, und ein getaufter noch dazu. Sehr lange hatte ich auf diese Audienz warten müssen, der Oberrabbiner hatte sie offenbar nur unwillig gewährt, und dennoch hatte mir sehr viel an ihr gelegen: Die Deportationen und Vergasungen hatten begonnen, ich bangte um meine alte Mutter in Berlin, vielleicht konnte mir der weise, so beruhigend vollbärtige Oberste Rabbi von Stockholm helfen, schließlich war ja meine Mutter trotz ihrer Taufe nach den nationalsozialistischen Gesetzen eine Jüdin. Aber gerade dies schien der Oberste Rabbiner im Gegensatz zu Adolf Hitler nicht einsehen zu wollen: Für ihn war meine Mutter eine Christin, und nach drei Minuten war die Audienz beendet.

Der Oberste Rabbiner hatte mich streng angesehen, ich war mir geradezu aufdringlich und frech vorgekommen, obwohl es doch um das Leben der eigenen Mutter ging. Sara hieß sie jetzt, nicht mehr Hedwig, so hatte man als Jüdin amtlich zu heißen: Sara.

Am Ausgang sah mich streng wie der Oberrabbiner ein steinerner Davidsstern an, darunter ebenso streng eine hebräische Inschrift, die man nicht verstand, obwohl doch nun die eigene Mutter Sara hieß. Verstehen? Man hing in der Luft, nur noch mit einem Bein schien man auf der Erde zu stehen. Wohin? In der Artillerigatan, ganz in der Nähe, war das Schwedische Rote Kreuz.

Im Regen hing schlaff und grau eine ehemals weiße Fahne, darauf ein rotes Kreuz, wie ein blutiger Fleck auf lehmigem Kriegsverband. Man ließ mich vor, zitternd hatte ich gebeten, mit dem Generalsekretär sprechen zu dürfen, vielleicht war er es sogar, denn er wirkte sehr ernst, sehr reserviert, fast feindlich (Antisemit? Nein), zumindest sichtlich befremdet, als wolle er sagen: Was wollen Sie denn eigentlich hier, Tausenden und Abertausenden geht es so, und da kommen Sie zitternd und bebend mit Ihrem privaten Kleinkram an, als ginge es um die Welt, verlangen eine Extrawurst für irgendeine Sara, als hätten wir auf die gerade gewartet. (Was er wirklich sagte, weiß ich nicht mehr, sehe nur noch sein überaus strenges und ernstes Oberlehrergesicht, kam mir geradezu frech und aufdringlich vor – sollte man ihn um Verzeihung bitten?) Ja, er sagte wohl, man könne da absolut nichts machen, absolut nichts, könne aber vielleicht – dies ist mir noch wörtlich in Erinnerung – »vielleicht können wir eine offene Postkarte ins Lager weiterbefördern, nach der Deportation«.

Es wäre vermessen gewesen, im Treppenhaus den Fahrstuhl zu benutzen, frech und aufdringlich wäre es gewesen, ich ging im Kreis um das Fahrstuhlgehäuse die Treppe hinab, rundum, rundum, es flimmerte vor den Augen. Sollte man sich in die Deutsche Botschaft wagen? Die waren doch mindestens ebenso streng und ordnungsbewußt, und schließlich die Zuständigen, in Fragen der Postzustellung wenigstens, nach der Deportation. Aber womöglich waren sie noch strengere Leute, noch seriöser, vom tiefen Ernste ihres Antisemitismus ganz zu schweigen, und man selber käme sich noch frecher, noch aufdringlicher vor, der Botschafter war ja auch so ein ganz Feiner, ein Prinz, hieß Prinz von der Wiedt oder so ähnlich, der würde den Jüngling, der mit einem Bein in der Luft und mit dem anderen auf der Erde um seine Mutti bettelte, vielleicht noch befremdeter ansehen.

Ich blieb auf dem Fahrdamm stehen. Dort drüben im Regen, vor der nebeligen Silhouette des Königlichen Schlosses lag sie, die Deutsche Botschaft.

Unschlüssig stand ich auf dem Fahrdamm. Jemand warf mich um, schlug mit einer stählernen Keule auf mich ein (der Oberrabbiner? Der vom Roten Kreuz? Ja der, mit einer rotgekreuzten Ambulanz, jetzt die Sirenen), zwei Weißgekleidete dröhnten »Chloroform, er ist aufgewacht«, der Deutsche Botschafter schrie die beiden Weißgekleideten an: »Kein Chloroform!«

Ich bat den Deutschen Botschafter, die Verabreichung von Chloroform zuzulassen, aber dieser sah mich wie einen frechen und aufdringlichen Schmarotzer an: »Gaskammern sind nur für Vollwertige«, sagte er.

Ich schwieg, im Grunde hatte er ja recht, nicht einmal für einen Fahrstuhl hatte ich getaugt. Sollte ich ihn um Verzeihung bitten? Ich fiel auf die Knie und flehte, ob er nicht wenigstens so gnadenreich sein wolle (ich sagte tatsächlich »gnadenreich«), eine offene Postkarte an meine Mutter namens Sara weiterbefördern zu wollen.

Er schien nicht zuzuhören, war ja auch ein Prinz. Da lief ich im Kreise um ihn herum, mit einem Bein in der Luft, rundum, rundum, es flimmerte vor den Augen, ich log frech und sagte, seine Hoheit der Oberrabbiner habe es eidlich versprochen, das mit der Postkarte.

»Lügen tust du auch noch, du frecher Jude!«, brüllte der Prinz.

Ich kreiste weiter um ihn herum, auf einem Bein, und beteuerte, daß seine Exzellenz der Generalsekretär vom Königlich Schwedischen Roten Kreuz – ich fiel um, auf dem einen Bein, auf die Knie, und bat den Prinz, ob er nicht trotz alledem so gnadenreich sein wolle, eine offene Postkarte –

Da geschah das Wunder, das unfaßbar Gnadenreiche. Der Prinz zündete sich eine lange elegante Zigarette an, schob mich mit seinen glitzernd schwarzlackierten Reitstiefeln aus dem Weg und sagte beim Hinausgehen:

»Von mir aus.«

Mondscheinsonate

Göteborg, Aussprache Jöhteborrj – ich war schon recht lange hier, auf Arbeitssuche – ist eine alte reiche Handelsstadt im Westen Schwedens. Zu einer der mächtigsten Patrizierfamilien dieser Stadt gehörte Tant Vendela (wir Flüchtlinge durften »Tant« zu ihr sagen, also »Tante«), eine betagte Reederswitwe, wohl die reichste Frau Göteborgs und sicher eine der geachtetsten: Man bewunderte sie allgemein als eine schlechthin vorbildliche Frau, als den Inbegriff von Geradheit, Schlichtheit, Hilfsbereitschaft (auch Flüchtlingen half sie, sogar mitten im Krieg wie jetzt) – kurzum, man verehrte sie als eine wahre Christin. Und man hatte recht – was auch immer ich weiter unten hinter ihrem Rücken anzuführen haben mag.

Ich sehe Tant Vendela vor mir stehen, hager, aristokratisch und spartanisch (sie war sehr sittenstreng und sparsam), mit schneeweißem, schlicht zurückgekämmtem Haar, schneeweißer, makellos von ihrer Zofe bis in die kleinsten Plissees gebügelter und dennoch so einfacher Spitzenbluse, stahlblauen Augen: Vorbild und Mahnung.

Ich sehe sie noch in der geräumigen Küche ihres prachtvollen Patrizierhauses stehen (die Köchin hatte Ausgang). Sie hatte sich eine schneeweiße Schürze vorgebunden und bot uns Flüchtlingen nun gleichfalls Schürzen an, mir eine gelbe mit kleinen roten Blümchen. Sie hatte uns nämlich alle eingeladen, als kollektive Flüchtlingshilfe sozusagen, in ihrem Haus ein paar Stunden damit zu verbringen, die vielen Fallӓpfel ihres großen Gartens als Apfelmus einzukochen; denn sicher würden wir doch Apfelmus sehr gern haben.

Es war, um mit Tant Vendela zu sprechen, *en munter bild,* ein munteres Bild, wie wir da buntbeschürzt in der hohen, von der Köchin vor ihrem Ausgang peinlichst blankgeputzten Patrizierküche standen, die kleine verwachsene Alice Levi, ehemalige Mathematikstudentin aus Frankfurt, ein kahlköpfiger Pianist aus Wien (er hatte seine berühmten Locken in der Emigration verloren, hatte jetzt eine violett karierte Schürze um), weiter ein dunkles, kraushaariges und sehr lautes Mädchen namens Judkowsky aus Berlin, zwei halberwachsene Brüder namens Apfelbaum (was Tant Vendela angesichts des Apfelmuses spaßig fand) und eine seit 1933 amtsberaubte Stadträtin aus Bremen, die kein Wort sprach und trotz der ihr von Tant Vendela umgebundenen Kinderschürze mit aufgenähten Hampelmännchen recht verbittert aussah.

Die Äpfel waren bereits fein säuberlich in der Küche aufgestapelt, nun ging's ans Schälen. Man war recht emsig, Tant Vendela ging mit gutem Beispiel voran, fand das Ganze sehr gemütlich und schien mit der kleinen Schar in ihrer Küche durchaus zufrieden. Wir *paßten* so gut zueinander, meinte sie. Wir nickten Zustimmung und sahen uns haßerfüllt an. (Was Philo- und Antisemiten auch immer sagen mögen, Juden – insbesondere deutsche Juden, und noch dazu hinausgeschmissene – haben sehr wenig füreinander übrig; Schwedens größter Tanker aber, 95 000 Bruttoregistertonnen, hieß »Vendela«: Wir hatten in diesem mächtigen Hause wirklich etwas Besseres erwartet als uns selber. Mein Gott, wir suchten Arbeit.) *Puttslustig,* sagte Tant Vendela, sah uns der Reihe nach in unseren bunten Schürzen an und fragte, ob man »puttslustig« auch auf deutsch sage.

Wir bejahten. Aber das kraushaarige Fräulein Judkowsky aus Berlin wollte es wieder einmal besser wissen und sagte *putzig*. Dies führte in der kleinen Emigrantenschar schlagartig zu einem Krieg aller gegen alle, man ereiferte sich immer unversöhnlicher für oder gegen dieses Wort, fuhr schließlich einander über den Mund und wäre fast handgreiflich geworden, hätte nicht die bittere Stadträtin aus Bremen ihr langes Schweigen gebrochen und kategorisch ein anderes Wort als das einzig richtige dekretiert: *allerliebst*.

Der Wiener Pianist, der nunmehr lockenlose, hatte uns den Rücken zugekehrt. Wortlos hatte er sich seine violettkarierte Schürze abgestreift, war an eines der hohen Küchenfenster gegangen, das fast wie ein Kirchenfenster anmutete, und trommelte im Stehen leise auf dem Fensterbrett. Es klang vertraut und feierlich. »Mondscheinsonate?« fragte ich. Er antwortete nicht.

Dann ging's ans Zerhacken und Einkochen, und schließlich trat ein jeder mit einem auf Wunsch Tant Vendelas eigens mitgebrachten Weckglas an, zum Einfüllen. Ich selber stand mit leeren Händen am Ende der Reihe, da ich weder ein Weckglas noch auch ein anderes Gefäß besaß. Tant Vendela aber lieh mir ein Glas, ein extragroßes sogar, füllte es behutsam bis an den Rand mit immer schwererem Apfelmus und ermahnte mich mit aufgerecktem Zeigefinger, das Glas nach Gebrauch zurückzugeben: »Wer dem Pfenning nicht ehrt, ist dem Taler nichts wert«, zitierte sie skandierend auf deutsch, sie habe diesen Ausdruck einmal in Hamburg gelernt, von einem Herrn Blohm (Blohm & Voß).

Dann sagte man *ajö ajö* (was Adieu bedeutet), *tack tack* (»danke« oder – je nachdem – »nichts zu danken«, oft auch »guten Tag« oder »auf Wiedersehen«), ein jeder zog mit seinem Weckglas ab, Tant Vendela winkte von der Freitreppe, in der Dämmerung noch weißer und unbefleckter denn je, und bald verkrümelte sich die kleine Schar. Der Wiener Pianist hatte noch ein Weilchen denselben Weg wie ich, entschuldigte sich aber dann und verschwand in einer unterirdischen Toilette. Von fern sah ich ihn wieder aus der Versenkung hervorkommen, ohne Weckglas.

Ich beneidete ihn. Er hatte sein Weckglas nicht geliehen. Auch konnte er – ach könnte man es doch! – auf einem Küchenfensterbrett unsterblich Schönes spielen.

Hans Joachim

Jene Gruppenaufnahme ist längst verschollen. Wir hatten einen Klassenausflug gemacht, nach Potsdam wohl, und rasteten nun in einem Wäldchen. Ich hatte einen Photoapparat zu meinem dreizehnten Geburtstag bekommen, die Klassenkameraden bildeten eine Gruppe unter einem Baum, blickten in das Objektiv hinein, ich sah sie im Sucher. Sie standen ganz still, denn es war bewölkt und regnerisch, man mußte etwas länger belichten.

In jenen Sekunden, wie sie so still und schweigend auf mich hinsahen – sie waren alle größer, wohl auch stärker und männlicher, ich war der Jüngste –, da jauchzte mein Herz in einem schwellenden, unaussprechlich seligen Gefühl. Es muß eine Art Gemeinschaftsgefühl gewesen sein, ich habe das nie genauer nachprüfen können; denn obwohl Hitler erst viel später kam und keiner meiner Kameraden damals daran dachte, mich auszuschließen – nur scherzhaft wohl nannte man mich »der Poet« –, so gehörte ich doch irgendwie nicht ganz dazu und habe jenes beseligende Zugehörigkeitsgefühl kaum jemals wieder erlebt.

Die Aufnahme gelang famos, klar und scharf trotz der langen Belichtung, noch heute sehe ich die Gruppe im Geist vor mir, auf glanzigem Fotopapier. Seitlich rechts, etwas hinten, Hans Joachim mit seinen kurzen Pfadfinderhosen, seinen starken Oberschenkeln und dem langen, hohen, rankenden Schilfährenhalm in der Hand, ein »junger Gott«, wie es wohl heißt. Dazu sein scheues, schulbubenhaftes Grinsen unter den blauen Seemannsaugen, die weißen Zähne, der strohblonde Schopf, man sieht alles ganz genau.

Ich bewunderte ihn, ich beneidete ihn. Er war anders als ich – blond, stark und schlicht, und ich eben »der Poet«, der dunkelhaarige. War es Sehnsucht, Neid, Liebe? Nie wurde ich mir über meine Gefühle klar. Oft träumte ich von ihm.

Wie und warum ich dann Hans Joachim nach vielen Jahren

zur Hitlerzeit in den Straßen Berlins wiedertraf, ist mir entfallen. Es muß wohl 1937 gewesen sein, als mein Vater aus dem Leben ging, denn nur da stahl ich mich illegal über die Grenze in Hitlers Deutschland zurück. Es war ganz zufällig, wohl in einem Papiergeschäft: Ein dürrer, kurzsichtig bebrillter Philologiestudent nannte mich bei meinem Vornamen und sich selber, als ich ihn nicht erkannte, Hans Joachim. Aus dem jungen Gott mit dem Schilfährenhalm, jetzt Jünglingsidol der Nazis, war ein aschgrauer, kurzsichtiger Studierstubenkauz mit einem leicht nervösen Augentick geworden, noch heute kann ich das Bild des hellenischen Pfadfindergottes mit dem des blassen, stillen deutschen Philologen (er wollte Lehrer werden) nicht vereinen. Nur sein scheues, schulbubenhaftes Grinsen war noch dasselbe – jetzt grinste er, spitzbübisch über den »Führer« und sah sich dabei scheu aus seiner billigen Alpakabrille nach allen Seiten um.

Während des Krieges stieß ich noch einmal auf ihn. Nach endloser Arbeitssuche in Schweden hatte ich endlich einen Job, wenn auch nicht bei den Schweden: ich war an der Britischen Botschaft angestellt und bearbeitete dort die deutsche Nazi-Presse (wie etwa Bruno Kreisky im Nebenzimmer die österreichische). Zeitungsmaterial, das sich für die Propaganda der Alliierten eignete, also nach Deutschland gestrahlt werden konnte, war an das Ministry of Information in London durchzutelegrafieren, etwa Goebbels-Leitartikel und Gauleiterreden, aber auch – und dies ganz besonders – diskret verborgene Notizen über Dinge wie Hinrichtungen von Volksverrätern, Gerüchtemachern, Hamsterern. Meine Aufgabe war es nun, den sogenannten »Siegfried-Sender« zu bedienen, einen als innerdeutschen Widerstandssender getarnten britischen Propagandasender, in dem die Wahrheit über den Naziterror, die wir nur ahnen konnten, in Form von ziemlich groben, oft zotigen Anekdoten erfunden werden mußte. (»Greuelmärchen« nannten das die Nazis; es waren harmlose Geschichten, gemessen an den Gaskammer-Wahrheiten, wie sie später zu Tage kamen.)

Auch amtliche Verlautbarungen waren von mir täglich in

der Nazi-Presse durchzuackern, und selbstverständlich auch die seitenlangen Todesanzeigen Gefallener. Man konnte ja nie wissen, ob man nicht mit einiger Phantasie aus einem gefallenen General einen auf der Flucht erschossenen Widerstandskämpfer machen konnte. So zündete ich mir denn eines Morgens meine echt englische Botschaftszigarette über der schwarzkarierten Todesration des Tages an, als ich auf den propagandistisch recht dankbaren, wohl durchzutelegrafierenden Namen »Heil« stieß (»Heil Hitler!«) und direkt darunter auf ein propagandistisch noch gelungeneres »In stolzer Trauer«. Ich rückte mir meine Schreibmaschine zurecht, salutierte sie mit einem zackigen Heil, pfiff voller Entdeckungsfreude irgendein Nazi-Lied vor mich hin, tippte Datum und Kennzeile, und las dann den vollen Namen: Hans Joachim Heil.

Nein, Mr. Taylor-Davenport, mein Vorgesetzter, konnte mir keinen Rüffel erteilen, wenn ich das nicht durchtelegrafierte, es war ja weit unwichtiger als Generäle oder Volksverräter, war ja überhaupt nicht da, nur ein Wortspiel, eine dreckig-zynische jüdische Witzelei – ein scheues, schulbubenhaftes Grinsen, ein Schilfährenhalm, ein junger Gott, ein blasser, stiller deutscher Philologe.

Durfte man – man hatte ja nie recht dazugehört, vielleicht war es aufdringlich, gefühlsfrech, schmarotzerhaft – durfte man einen Augenblick innehalten, eine stille Minute lang, durfte man zum Beispiel sagen, zum Beispiel, unter Tränen, sagen:

mein guter Kamerad

Lied ohne Worte

Joseph Maria Misorgsky war, wie fast schon der Name sagt, ein *Misérable,* ein intellektueller DP, zu deutsch ein entwurzelter armer Schlucker, der nach Erwerb irgendeines Doktorgrades und Verlust irgendeiner Heimat nunmehr an einer angelsächsischen Botschaft in Paris sein Brot damit verdiente, politische Leitartikel der französischen Tagespresse aller Parteien aufzusammeln und diese allwöchentlich in englischer Sprache als »political reports« zu analysieren. Sein Werk – hochqualifizierte Arbeit, fand er selber – wurde von einer achtzehnjährigen angelsächsischen Stenotypistin namens Shinkendecker auf einer rosafarbenen Schreibmaschine abgeschrieben und dann von ihr auch *unter*schrieben, da sie im Gegensatz zum Verfasser jener Rapporte eine Eingeborene war und nur Eingeborene nach dem Sicherheitsreglement der Botschaft berechtigt waren, Schriftstükke dieser Art mit ihrem Namen zu unterzeichnen. Weshalb Miss Shinkendecker auch im Gegensatz zu Misorgsky am Fenster seines Zimmers saß, tagsüber kein elektrisches Licht benötigte und von der Schreibtischlampe in Misorgskys Ecke so gestört wurde, daß sie ihn immer wieder auffordern mußte, diese bitte auszuschalten. Auch wurde sie dreimal so hoch bezahlt wie er.

All dies regte Misorgsky unsäglich auf. Unsäglich, weil er nichts sagen konnte, denn eine Sprache hatte er recht eigentlich nicht; was ihm zu Gebote stand, war ein Kauderwelsch von Österreichisch-Ungarisch (vermutlich Muttersprache), schlechtem Englisch (Rapportiersprache) und Französisch (Zeitungs- und, wenn auch nur sporadisch, Beischlafssprache). Mit diesen Ausdrucksmitteln nun rannte der *homme des lettres* (wie er sich nannte), der Mann des Wortes ohne Worte, gegen sein (wie er fand) unsäglich demütigendes Schicksal an, am lautesten bei sich daheim: Da er nicht wußte, in welcher Sprache er im stillen dachte, oder ob er überhaupt noch dachte, sprach er laut zu sich im Bett – so laut und wütig, daß seine Nachbarn anfangs glaubten, er sei verheiratet.

Nun tat der arme Misorgsky seinem Schicksal unrecht, da es ja bekanntlich noch weit härtere Fügungen desselben gibt. Hat man zum Beispiel jemals einen Fisch lauthals klagen hören, er sei der Sprache beraubt? Aber Misorgsky klagte. Dem Mann des Wortes, dem wahren Dichter gleich, dem ein Gott zu sagen gab, was er leidet, schrie er sein furchtbares Geschick in ebenso furchtbarem Kauderwelsch in Miss Shinkendekker's (der dreimal so hoch bezahlten angelsächsischen Stenotypistin's) unschuldsvolles Botschaftsgesicht:

> Sprache, Miss Shinkendecker, is not words alone!
> Sprache sans pays, language ohne Land,
> Ist wie ein Strang, a string, without die Geige, comprenez?

Aber Miss Shinkendecker begriff nicht, obwohl sie doch als die Qualifiziertere an dem schönen, hohen, lichten Botschaftsfenster saß, und antwortete nur tonlos »You'll have to make peace with yourself«, er solle also »Frieden mit sich selber schließen«. Darauf aber hatte Misorgsky gerade gewartet. Er machte resolut seine Schreibtischlampe an (Miss Shinkendecker reagierte nicht), ging langsam aus seiner dunklen Ecke auf Miss Shinkendecker zu, hob sie von hinten her aus ihrem Schreibmaschinenstuhl heraus und vergewaltigte sie (immer noch von hinten) am offenen Fenster. Dann packte er wortlos – wortlos, das besagte endlich etwas – wortlos packte er seine Siebensachen, nahm kaltblütig zwei Radiergummis der Botschaft mit und eilte rachedürstend zum Hauptquartier der Kommunistischen Partei im Boulevard Malesherbes, um seine zwei oder drei armseligen angelsächsischen Geheimnisse, die Miss Shinkendecker für ihn als *Confidential* unterschrieben, an den Mann zu bringen. Als man dort kein Interesse zeigte (man empfing ihn nicht einmal), legte er je eine aus Zigarretenresten, Acetylmethan und Meta-Kochtabletten angefertigte Zeitbombe unter die sowjetische bzw. angelsächsische Botschaft in Paris – oder wenigstens beinahe: Die beiden Bomben explodierten nämlich in einem Urinoir

So etwa muß er ausgesehen haben.
(Nach einer Lithographie von Honoré Daumier.)

in der Rue Sainte Geneviève, in seinen beiden Hosentaschen. (Das Urinoir ist, wie ich kürzlich in Paris feststellte, wiederhergestellt; aber die schöne Platane, um die es sich im Halbrund mit seiner weiß-roten Aperitif-Reklame schwang, ist auf immer weg, ganz wie Misorgsky selber.)

Soweit in kurzen Zügen das Manuskript. Es war ein Roman auf englisch – eine, wie ich hoffte, literarische Gestaltung meiner augenblicklichen Lage: Der Krieg war vorbei, eine Arbeit in Schweden hatte ich immer noch nicht bekommen können, auch in Deutschland nicht, und so war ich bei der Amerikanischen Botschaft in Stockholm als Übersetzer, »news analyst« und Presse-Referent untergekommen, à la Misorgsky.

Ich war sehr stolz auf meinen ersten englischen Roman. Mein Deutsch war in der Fremde mit den Jahren stark verrostet, und das früher in der britischen und jetzt an der amerikanischen Botschaft mit preußischem Eifer erlernte Englisch war mir so vertraut geworden, daß ich glaubte, endlich wieder eine Sprache gefunden zu haben.

Der Brief des englischen Verlages, der dem retournierten Manuskript beilag, verdient Erwähnung: Man bat um das *Original* des Romans; der Autor sei vermutlich interessant, durch eine haarsträubende Übersetzung aber bis zur Unkenntlichkeit entstellt.

Westöstlicher Diwan

Die amerikanischen Behörden in Cleveland, Ohio, hatten einem langhaarigen Poeten namens D. H. Dobson die Ausstellung eines Reisepasses verweigert, den er als »Delegierter der Vereinigten Staaten« zu einem Weltfriedensjugendkongreß in Stockholm benötigte. Man hatte keine Gründe angegeben, aber diese lagen offen zutage: Dieser Weltfriedensjugendkongreß oder WPCDY (World Peace Congress of Democratic Youth) war nach Meinung von Cleveland, Ohio, vermutlich nach Rückfrage in Washington (man hätte wirklich nicht erst anzufragen brauchen) – war also eines jener kommunistischen Propagandamanöver für »Frieden«, »Demokratie« und dergleichen, die man zwecks größerer Wirkung mit Vorliebe an einem neutralen Orte von internationalem Prestige – in diesem Fall Stockholm, der Stadt des Nobelpreises – zu inszenieren pflegte. Mit sicherem Geschmack bediente man sich hierbei möglichst vieler politisch unverdächtiger, aber vage sympathisierender und vor allen Dingen allgemein bekannter Salonradikaler, wie eben unseres langhaarigen Poeten D. H. Dobson oder, bei ähnlichen Gelegenheiten, eines Pablo Picasso Arm in Arm mit einem vertrauenerweckend beleibten Dompropst von Canterbury, den die Allgemeinheit herzlich gern mit dem Erzbischof von Canterbury verwechseln durfte. (Die Nazis hatten seinerzeit ähnliche Aushängeschilder, zum Beispiel einen altersschwachen Knut Hamsun, und die DDR-Demokraten haben sicher einen schön gedruckten taubstummen Briefmarkengoethe.)

Da hatte also nun dieses Cleveland, Ohio, die Stirn gehabt, einem harmlosen Poeten wie D. H. Dobson den Paß für eine Reise in das völlig neutrale Stockholm zu verweigern – dem Schöpfer jenes kraftvoll engagierten »Wane West, O Moon, Vax East!« Eine drei Mann starke Protestdelegation des Gastlandes Schweden stellte sich unmittelbar danach im Namen des Weltfriedensjugendkongresses bei der Amerikanischen Botschaft in Stockholm ein.

Die Delegation bestand aus dem neunzehnjährigen, etwas postpubertätspickeligen Führer des schwedischen kommunistischen Jugendbundes (407 Mitglieder), dem ungefähr ebenso alten, etwas blutarm anmutenden Generalsekretär der Schwedischen Reichsstudentenfederation »Demokrazia« (kommunistisch, Spitzenverband von 9 angeschlossenen Sektionen mit insgesamt 53 Mitgliedern) und schließlich dem offiziellen Leiter der Delegation, eben dem Aushängeschild. Dieses Aushängeschild war ein ergrauter Mann mit hoher, fein ziselierter Stirn, dessen Name auch dem politisch Ungebildetsten bekannt sein mußte: Ein führender schwedischer Intellektueller, hoch angesehen als liberaler, fortschrittlicher Publizist, wohl früher einmal in grüner Jugend etwas rot angehaucht, wollte wohl seine Jugendliebe jetzt nicht ganz rosten lassen, besonders in einer so beherzigenswerten Sache wie einem Weltfriedensjugendkongreß.

Der amerikanische Botschafter Sir Edward (eigentlich Mr. Sir Edward, Sir war Vorname) weigerte sich, die Protestdelegation zu empfangen, und ebenso der erste, zweite und dritte Sekretär. Um den drei finster wartenden Protestdelegierten möglichst drastisch zu zeigen, wo sie hingehörten, ließ man sie im schäbigsten Lokal des allerhöchsten Stockwerks von dem niedrigsten Tintenkuli empfangen, der an der Amerikanischen Botschaft zu Stockholm überhaupt aufzutreiben war.

In einer Art Lagerraum empfing ich sie. Der pubertätspickelige kommunistische Jugendführer überreichte ein offizielles Schriftstück des Zentralsekretariats des Dabbljupisidiwei (WPCDY, Weltfriedens*usw.*), eben das Protestmanifest betreffend Paßverweigerung für D. H. Dobson, den Dichter; der blutarme Demokrazia-Studentenjüngling leierte das Dokument auswendig herunter (es war ja nicht für mich bestimmt, sondern für Washington, d. h. in erster Linie für Radio Moskau, die DDR-Presse usw.) – leierte Freiheitsberaubung, Paßdiktatur, Dollar-Imperialismus, Wall-Street-Faschismus usw.; und der dritte, der ergraute Intellektuelle, blickte still vor sich hin. Die feingliedrigen Hände verlegen gekreuzt, stand er bleich zwischen den beiden jungen Aktivisten, sah stumm zu Boden oder auch müde und wehmütig zur Dachluke hinauf.

Unsere Blicke kreuzten sich. Zwei europäische Intellektuelle sahen sich an. Der eine bei den »Demokraten«, der andere bei den »Imperialisten«, Lokalisierung eines jeden je nach Sprachgebrauch. Beide schwiegen.

Der Demokrazia-Jüngling hatte zu Ende geleiert, was aus plötzlicher Stille hervorging. Der Tintenkuli der Amerikanischen Botschaft sagte darauf instruktionsgemäß (ich hatte es auswendig gelernt), das Schriftstück werde an die zuständige Behörde weitergeleitet werden. Dann wieder Stille.

Der Tintenkuli gab darauf, ebenfalls instruktionsgemäß, jedem der Delegierten zum Zeichen des Aufbruchs korrekt und kurz die Hand, zuletzt dem Intellektuellen. Dieser schien die Hand des Tintenkulis einen Augenblick länger zu halten als absolut notwendig war, vielleicht weil der Tintenkuli auch die seine etwas stärker gedrückt hatte, als absolut notwendig war. Wir blickten zu Boden.

»Leben Sie wohl«, sagte er leise.

»Leben Sie wohl«, sagte ich leise.

Heimliche Liebe

Jedesmal, wenn Virginia vom Erdgeschoß der Botschaft zu mir heraufkam, errötete sie. Dies konnte mit ihrem zarten Teint zusammenhängen (sie war eine rötlich schimmernde Blondine) oder auch mit meinen hungrigen Blicken: Ihr aus erstklassigem Fleisch einer gutbürgerlich-republikanischen Küche (mit Nelly, der treuen dicken Negerköchin) gewachsener weißer Bostonkörper, ihre kalten, geradezu antisemitisch stahlblauen Augen, ihre starken, muskulösen, aber weiß und weich, gleichsam mollig getarnten Arme – all dies zog mich unsäglich an: Bei einer sogenannten WASP – White, Anglo-Saxon, Puritan, einem erzreaktionären Oberschichtprodukt also – fühlt man, auf jeden Fall ich, eine unwiderstehliche Lust dazu, ihr waschechtes männliches Gegenstück zu sein, ein sogenannter MCP oder Male Chauvinist Pig oder eben »Chauvi«, vor allem natürlich im Bett.

Virginias Erröten konnte jedoch auch damit zusammenhängen, daß sie eine Sekretärin in der »anderen« Abteilung im Erdgeschoß war. Den richtigen Namen dieser Abteilung habe ich nie erfahren, es war eine so heimliche Abteilung, daß sie entweder überhaupt nicht existierte oder höchstens nur als ein top-secret Ableger des FBI.

Hatte Virginia vielleicht den Auftrag zu erröten? Hatte man sie beordert, durch Anbändelungsversuche diesem ausländischen Übersetzer da oben im vierten Stock etwas auf den Zahn zu fühlen?

Dies erschien plausibel. Wir sind im Jahr des amerikanischen Kommunistenjägers McCarthy und einer gleichzeitigen Staatssicherheitspsychose in den USA. Als »Übersetzer« an der amerikanischen Botschaft in Stockholm hatte ich seit einiger Zeit die Aufgabe, die in der schwedischen Kommunistenpresse erwähnten Funktionäre zu notieren und eine entsprechende Kartothek aufzustellen. Daß diese Kartei heimlich war und auch von der »anderen« Abteilung benutzt wurde, davon hatte ich absolut nichts zu wissen: Sie war ja *heimlich,* und Heimliches durfte ein nichtamerikanischer Angestellter der Botschaft unter keinen Umständen erfahren. Eine gewisse Sicherheitskontrolle dieses Nichtamerikaners durch eine WASP war also durchaus plausibel, nicht zuletzt in Anbetracht des unausbleiblich demoralisierenden Einflusses seines erbärmlich niedrigen Gehalts.

Virginia – sie war wieder einmal heraufgekommen, wieder einmal errötet – schlug jetzt, hochrot bis an die Haarwurzeln, einen Cocktail bei sich zu Hause vor.

Nichts ist reizvoller als eine junge Dame aus dem Geheimdienst, die spitzelnd oder auch verknallt einen jungen und dazu noch mittellosen Mann zu sich nach Hause bittet, besonders wenn ihre Eltern weitab in Boston, Massachusetts, wohnen. Die Mischung von Sex und Secret Service ist ein Liebestrank von so unwiderstehlicher Stärke, daß ihm sogar Romanfabriken und Hollywood nichts haben anhaben können.

Sie empfing mich in einer ärmellosen Bluse, was stets ein gutes Zeichen ist. Sie schenkte mir mit jenen wunderbar entblößten – ich muß es wieder sagen: diesen weißen, weichen, das herbe, zielbewußte Muskelspiel samtseidig tarnenden – Armen einen Cocktail nach dem anderen ein – zwecks Animierung von Vertraulichkeiten politischer oder nur privater Art? Ich wählte beides; denn abgesehen von geschlechtlichen Reflexbewegungen, die ja Gemeinbesitz fast aller Männer sind, gewinnt nichts so sehr die Gunst der Frauen wie männlicher Mut. Ich holte aus:

Sie brauche mir nicht zu sagen, ob sie mich bespitzeln wolle oder nicht, ob ich also jetzt meine Existenz riskiere. Denn ich hätte mich entschlossen, ihr meine *Meinung* zu sagen – und mit dem Mut eines Ché Guevara schrie ich diese Meinung der berauschend nackt weißfleischig barärmigen Henkerin des FBI ins Gesicht: Nichts als Abscheu, abgrundtiefen Abscheu hätte ich für Herrn McCarthy, das ganze Weiße Haus, und überhaupt die *bloody fucking politics* (mein »fucking« war pure sinnliche Erregung). Nichts als Abscheu, abgrundtiefen Abscheu, *abysmal disgust,* wiederholte ich. (Von meinem abgrundtiefen Abscheu gegen mein erbärmliches Gehalt erwähnte ich nichts.) So, das könne sie nun morgen früh ihren Auftraggebern rapportieren, wenn sie wolle, morgen abend würde ich dann eben brotlos auf der Straße stehen, aber das sei *meine* Sache, my business. (Ach, göttlich schön und männlich, dieser Weg ins Bett über die Bekenntnistat vor dem Genickschuß.)

Sie schwieg, errötete, streckte sich mit einem leisen Lächeln auf die Couch. Wieder das Spiel der Muskeln unter jener weißen Fülle ihrer Glieder. Lud sie den Hinzurichtenden zur Henkersmahlzeit ein, oder hatte auch sie Sinn für Hollywood-Effekte?

Die Nacht war lang, ihr weißer WASP-Körper auch zuweilen wunderschön. Mehr als sogenanntes Petting ließ sie jedoch nicht zu: Die Damen des US-Geheimdienstes sind sorgfältig ausgewählt und daher in der Regel sehr konservativ.

Auch an der Botschaft ereignete sich nichts Nennenswertes: ich wurde weder entlassen noch auch wurde mir mein kleines Gehalt gesenkt, im Gegenteil: Mr. Sir Edward, der Botschafter, nickte freundlich, als ich ihm einmal im Fahrstuhl aus Versehen auf die Füße trat.

Eichmann II.

Die Kommunistische Partei Schwedens hat – ich deutete das wohl schon an – nur eine Handvoll Mitglieder, zumeist ein paar Hitzköpfe im äußersten Norden des Landes, wo man sehr isoliert ist und zu Lappland-Kollern neigt. Dazu kommt noch eine Handvoll Mitläufer, und alle vier Jahre, wenn Wahlen stattfinden, eine weitere Handvoll Wähler. Das ist alles. Nicht einmal eine Tageszeitung können sie sich leisten; das Blättchen heißt zwar *Ny Dag* oder *Neuer Tag*, kommt aber trotz dieses Namens nur einmal in der Woche heraus – vermutlich, weil Moskau kein Interesse hat, für eine so unlohnende Sache größere Geldsummen zuzuschießen.

All dies betrübte mich sehr, ich hätte mir eine wirklich große und gefährliche Kommunistische Partei in Schweden gewünscht. Nicht daß ich etwa selber ein Kommunist war, sondern deshalb, weil mir diese Partei mein tägliches Brot an der Amerikanischen Botschaft in Stockholm gab. Wie schon erzählt, fiel mir an dieser Botschaft die Aufgabe zu, den schwedischen Kommunisten und ihren Sympathisanten anhand ihrer Presse etwas näher auf die Finger zu sehen und zu diesem Zweck aus dem *Neuen Tag* eine Kartothek über politisch unerwünschte Individuen zu kompilieren, eine schwarze Liste also. Trotz der Winzigkeit der Partei hatte ich diese schwarze Liste nun schon auf ganze 7126 Karten in einer wohlgeordneten Kartei gebracht.

Diese Arbeit wäre nun an sich sehr nett gewesen, wenn sich nicht mit der Zeit ein ernstes moralisches Problem eingestellt hätte. Nicht daß mich etwa die 7126 von mir säuberlich registrierten Personen in schlaflosen Nächten verfolgt hätten, da ich sie – es war schließlich zur Zeit der rabiaten Kommunistenhetze jenes McCarthy – vielleicht irgendeiner Gefahr aussetzte. Nein, dieser Aspekt meiner Arbeit war mir nicht eingefallen, er hatte ja nichts mit ihrer pflichtgemäßen Erledigung zu tun. Das ernste moralische Problem, das mich zu zermürben drohte, war dies: Angesichts der 7126 fertigen Karten meiner Kartei und einem immer dünneren *Neuen Tag* – das Blatt war aus Geldnöten von 12 auf 4 Seiten geschrumpft und drohte nun mit jeder neuen Nummer einzugehen, falls mir nicht Moskau noch in letzter Minute mit großzügigeren Spenden unter die Arme griff – hatte ich kaum eine rechte Arbeit mehr. Die Wiese, die sowieso nie fett gewesen, war abgegrast. Die Kartothek fing Staub, die Tinte trocknete mir ein, mein Papierkorb war leer, nicht einmal Schmutz machte ich mehr, die Reinmachefrauen der Botschaft kamen jetzt nur noch jede zweite Woche in mein Zimmer. Verzweifelte Vorstellungen bei meinem Vorgesetzten, mir mehr Arbeit zu geben, waren ohne Erfolg: Das Gebiet sei *vital* [vaitl], sagte er, und ebenso lebenswichtig sei eben damit auch mein Job.

Namen erfinden, ganz einfach aus den Fingern saugen und damit neue Karten produzieren? Nein, das war gegen meine intellektuelle Integrität. Arbeitslos starrte ich in die Luft. Müßig mußte ich es mit ansehen, wie ein vollbeschäftigter junger Bursche meine Fenster putzte, und mußte ihn dann durch mein frischgeputztes Fenster ebenso vollbeschäftigt all die anderen schönen großen Fenster der Botschaft putzen sehen. So etwas hält man auf die Dauer ganz einfach nicht aus, wenn man ein arbeitsamer Deutscher ist. An einem grauen Herbsttag (die Fenster wurden wieder einmal geputzt, der Bursche *pfiff* noch dazu) packte ich meine Siebensachen und verließ die Botschaft auf Nimmerwiedersehen.

Ein paar liberale Amerikaner, die zu jener bösen Zeit an der Botschaft nur geduldet waren, drückten mir beim Abschied warm die Hand. Sie sahen sich ängstlich nach allen Seiten um, ob jemand in der Nähe sei, und flüsterten dann, sie verstünden mich, ja sie bewunderten meine Charakterfestigkeit, eine solche schmutzige Schnüffelarbeit nicht verrichten zu wollen. Ich nickte nur still, wie stille Helden eben nicken; konnte ihnen ja nicht erklären, es sei zu *wenig* schmutzige Schnüffelarbeit für mich dagewesen, ich sei nun einmal ein preußisch gedrilltes Arbeitstier. Wie hätte man ihnen überhaupt das Wort »Arbeitstier« ins Englische übersetzen sollen?

Eine ähnliche Übersetzungsschwierigkeit ergab sich während des Jerusalemer Prozesses gegen Adolf Eichmann, Hitlers Judenvernichtungsspezialisten. Die Ankläger wollten aus dem Mann eine bluttriefende Bestie machen, bekamen aber nur Beteuerungen seiner Pflichterfüllung zu hören: Der ordnungsgemäße Abtransport von Hunderttausenden von Juden, die gewissenhafte Aufstellung von Listen (*mehr* als 7126 Karten), Verteilungsplänen usw., und obendrein noch mitten im Kriege – all dies sei, so beteuerte er, eine gigantische Aufgabe gewesen und habe Tag und Nacht den unermüdlichen, hingebungsvollen Einsatz des ganzen Mannes erfordert. Mehr kriegte man aus ihm nicht heraus, und etwas verlegen hängte man ihn. Man war enttäuscht: Eine bluttriefende Bestie war das nicht.

Vielleicht war es eine andere Tierart, eine nicht minder bestialische, die da am Galgen hing – auch wenn es nur auf deutsch ein Wort für sowas gibt.

(Arbeitstier.)

Einzug des Triumphators

Im Herzen Stockholms, im schönsten Teil dieser schönen Stadt, wo der Mälarsee in die Ostsee fließt, steht nicht weit vom Nationalmuseum, der Königlichen Oper und dem Königlichen Schloß ein großes, altes und ehrwürdiges Gebäude. Ein deutscher Flüchtling, der zur Hitlerzeit an diesem Gebäude vorbei mußte, ging etwas schneller, sein Herz schlug lauter, er sah starr geradeaus, an dem Gebäude und seinem Hoheitszeichen mit dem Hakenkreuz vorbei. Es war die Deutsche Botschaft.

Dann kam der Zusammenbruch, Deutschland wurde besetzt, und auch die Deutsche Botschaft in Stockholm sollte besetzt werden. Doch dies stieß auf Schwierigkeiten: Amerikaner, Engländer, Russen und Franzosen konnten die Stockwerke und Zimmer, geschweige denn die einzelnen Aktenstöße und den Weinkeller, nicht in Zonen einteilen, nicht einmal eine Berliner Mauer hätte da geholfen. So kam es, daß das Gebäude zunächst sich selber überlassen blieb, hier und da ein Russe oder Amerikaner hineinging und etwas Schönes mitnahm und schließlich auf Dringen ordnungsliebender schwedischer Behörden eine bestehende oder nicht bestehende Kommission einen Sachwalter ernannte, der halb Pförtner, halb Reinmachefrau und halb Generalgouverneur war, und dies, da keiner recht für ihn bezahlen wollte, auf Halbzeit.

Dieser Sachwalter war ein halb elsässischer, halb schwedischer und (großmütterlicherseits) halb österreichisch-ungarischer Jesuitenpater namens Zückerle, ein sogenannter Halbarier (ebenfalls großmütterlicherseits), der zwar schon recht betagt und stark verkalkt, aber absolut vertrauenswürdig war. Eine alte Freundschaft verband uns, seitdem ich ihm vor vielen Jahren einmal Blut gespendet hatte (wir gehörten derselben Blutgruppe an, Null), und so lud mich denn Pater Zückerle eines Tages zu sich in das große Gebäude ein, in dem er, wie er sagte, eine kleine »Klause« habe.

Zur verabredeten Stunde ging ich auf das pompöse Portal der Deutschen Botschaft zu, langsam und feierlich. War dies der historische Augenblick, der Einzug des Siegers, die Rache des Verfolgten? Mein Herz schlug laut, ich läutete. Das große metallene Schild mit dem Hoheitszeichen und dem Hakenkreuz hing noch am Eingang, die Kapitulation war noch nicht lange her. Die Klingel schien nicht zu funktionieren, niemand öffnete die Tür, ich trommelte laut auf dem blechernen Hoheitszeichen und hörte dann Pater Zückerles Stimme schwach von innen, ich möchte doch bitte von außen etwas nachdrücken, es hapere manchmal mit der Tür.

Dann trippelte der Pater mit krummem Rücken und geplatzter Westennaht vor mir her, die imposante, jetzt allerdings recht schmutzige Marmortreppe des Vestibüls hinauf, und führte mich durch die Gemächer des Gebäudes, von Stockwerk zu Stockwerk. Die Asche eilends vor dem Aufbruch verbrannter Geheimpapiere lag noch in den hohen, barockvergoldeten Kaminen, aber sonst schien alles unberührt. Pater Zückerle fragte, ob ich vielleicht etwas haben wolle, ich sei doch der »S-S-Sieger« (er stotterte manchmal), eine Sch-Schreibmaschine vielleicht? Eine in feinledernem Reiseetui ruhende Erica sah mich verführerisch an; aber mit Schreibmaschinen, auch weiblichen, hatte ich von jeher auf Kriegsfuß gestanden, schon vor Hitler.

Eine A-A-Aktenmappe? Im sechsfenstrigen Raum des Botschafters lag ein wunderfein gearbeitetes Exemplar auf eichenem Schreibtisch. Eine neue Aktenmappe hätte ich gut gebrauchen können, aber diese paßte nicht ganz zu mir; auch hätte man das golden eingeprägte Hoheitszeichen herauskratzen und die Spuren etwa mit seinen eigenen Initialen verdecken müssen, die dann größenwahnsinnig groß geworden wären.

»Der Würzinger P-Pißpott ist vorz-züglich«, sagte Pater Zückerle im Badezimmer des Botschafters, wo er den Rest des Weinkellers vor den Russen versteckt hatte. »Oder ein paar Flaschen B-B-Bocksbeutel?« Die hatte er im anschließenden Klosett versteckt. Aber ich dankte, mir war übel.

B-Bücher? Wir standen in der Bibliothek des Kulturattachés. Rundum die schönsten Bände, oft in zehn- oder zwanzigfacher Ausfertigung, wohl um als verbindlichstes Angebinde für neutrale Schweden zu dienen, und deshalb wohl auch bewußt unpolitisch und kulturell: Albrecht Dürer, Holzschnitte; Der Naumburger Dom; Simplicius Simplicissimus, numerierte Luxusausgabe; Schiller und Goethe, Xenien, Schweinsleder. Shakespeare, Der Kaufmann von Venedig, mit Handlithographien von Reichskulturwart Horst-Jochen Keck. »Nein danke, lieber keine Bücher«, sagte ich.

»Ro-ro-ro-rosenberg?« Der Pater wies verschmitzt auf ein Nazi-Standardwerk, Alfred Rosenbergs Mythus des 20. Jahrhunderts, 75. Auflage.

»Nein danke.«

In einem kleinen Nebenzimmer, wo wohl einst eine Sekretärin gesessen hatte, lag als Unterlage unter einem elektrischen Teekessel ein schmales, steifes, von vergossenem Tee oder Kaffee verbogenes und arg beschädigtes Buch, der Struwwelpeter. Ich schlug es auf, der große Nikolas mit seinem großen Tintenfaß sprang auf mich zu wie in den Kindertagen, magisch, überlebensgroß. In dieses Tintenfaß hatte er die bösen Buben getaucht, die den tintenschwarzen Mohren verhöhnt hatten. Denn: »Was kann denn dieser Mohr dafür, daß er so weiß nicht ist, wie ihr?« Man konnte es auswendig; aber erst jetzt begriff man.

Ich wickelte das ramponierte Buch behutsam in eine herumliegende Damastserviette und nahm es mit.

Er war etwas lädiert.

Ihr naht euch wieder

Als ich illegal über Hitlers Grenze nach Berlin gefahren war, um meinen Vater zu begraben, es war im Jahr 1937, konnte ich mir meinen alten Schulweg nicht versagen. Langsam ging ich ihn entlang, die Straßen wirkten öde, trotz der vielen Hakenkreuzfahnen (Mussolini war gerade auf Staatsbesuch), und da ich den Schulhof leer fand – es waren wohl Ferien –, wagte ich mich in das Gebäude, denn schließlich war das »J« in meinem Paß ja nicht auch auf meine Stirn geschrieben. Der Pförtner sah mich mißtrauisch an, und ich erklärte ihm, ich sei ein alter Schüler. Zwar sagte ich ihm dies in der Sprache, deren rechten Gebrauch ich in jener Schule gelernt, entstellte diese aber wegen meiner schwarzen Haar- und Augenfarbe mit einem so starken ausländischen Akzent (ich wählte Mussolinis Italienisch), daß der Pförtner den fremden Gast bereitwilligst umherführte und sogar sein Deutsch bestaunte: »Nee wat et nich alles jibt. Und so jut deutsch. Nur so'n janz bißchen, wie soll ick sagn, ick meene nur so'n janz bißchen –«

Gebrochen.

Das ist nun schon lange her. Nach dem Krieg, als ich in Deutschland Arbeit suchte, ging ich meinen Schulweg noch einmal, frisch und frei im wirtschaftswundersamen Westberlin. Der Schulhof war voll junger Menschen, direkt am Eingang ging ich auf zwei Jünglinge zu. Ob der alte Balduin noch da sei, fragte ich, um ins Gespräch zu kommen. Den beiden war der Name nicht mehr bekannt. Wer denn jetzt der Grieche sei, fragte ich ein wenig burschikos, wie das wohl Alte Herren an sich haben sollen. Die beiden jungen Leute verstanden zuerst nicht recht und meinten dann, sie hätten kein Griechisch. Das fand der Alte Herr sehr vernünftig und legte damit, wie man sieht, ein aufgeschlossenes Verständnis für die Jugend von heute an den Tag.

Und Latein? Der kleine Alte Herr sah gönnerisch zu den

zwei jungen Hünen hinauf: Müßten sie immer noch diese elenden Konstruktionen dutzendweise auswendig lernen? Mit diesem »blöden Kram« plage man sie doch heute nicht mehr, hoffe er, und schüttelte seinen leicht ergrauten Kopf wie ein Grand old man, als wollte er der immer noch geplagten Jugend von heute etwas Trost zusprechen. (Daß er die Plagen seines eigenen Lebens mit keinem Wort erwähnte, erhöhte, so fand er, die Würde dieser Szene ungemein.)

Nein, antworteten die beiden, Latein habe man auch nicht. Sie näherten sich jetzt dem Ausgang, schienen etwas ungeduldig, wollten offenbar nach Hause.

Auch für diese Ungeduld hatte der Grand old man Verständnis und klopfte einem der Hünen von unten her auf die Schultern: Auch er habe früher so schnell wie möglich aus der »Penne« gewollt (– er drückte sich, wie man sieht, noch immer frisch und jugendlich aus). Was sie denn sonst noch »paukten« – den Götz und die Räuber vielleicht, mit dem Vegetarier, wie hieß er denn noch, ja, Stibbert, sei der immer noch da?

Die beiden Jünglinge verstanden wieder nicht recht. »Na«, sagte der Alte Herr so etwa wie der Alte Fritz und stieß mit seinem unsichtbaren Krückstock auf die Kieselsteine des Schulhofs – »ooch keen Götz und keene Räuber nich?«

Die beiden jungen Leute schienen ihn etwas belustigt anzusehen. Na ja, er habe all das auch schon lange nicht mehr gelesen, meinte der Alte Fritz jovial, und mit gravitätisch sorgengebeugtem Rücken fügte er hinzu, es sei ja bei ihm viel dazwischengekommen, »*sehr* viel, ein bißchen *zuviel* vielleicht« – feinste Andeutungen jetzt, die ihren Eindruck auf die zwei jungen Herren sicherlich nicht verfehlen konnten. Aber die beiden jungen Herren schienen den Alten Fritz mit seinem sorgengebeugten Rücken und dem unsichtbaren Krückstock nicht recht zu erkennen und überhaupt Eile zu haben. »O. K.«, sagte der Alte Fritz jungfrisch, »aber daß diese Bude hier Prinz-Heinrich-Gymnasium heißt oder wenigstens jehießen hat – darauf können wir uns doch wenigstens noch einigen?«

Die beiden Jünglinge erklärten dem Alten Fritz, davon

wüßten sie nichts, nein wirklich. Dies sei eine Schule für kaufmännische Angestellte, Berufsschule des Senats Berlin. Sie nickten freundlich und wollten sich nun verabschieden.

Der Alte Fritz, der um jeden Preis auf seine Kosten kommen und eine Träne vergießen wollte, gab ihnen beiden die Hand und sagte bedeutungsvoll: »Macht's gut.« Dann, als die beiden schon fast um die Ecke waren, winkte er ihnen nach oder fuchtelte mit seinem unsichtbaren Krückstock hinter ihnen her. Er rief noch einmal »Macht's gut!« Dann, als die Träne kam, rief er »Macht's besser!« – und zwecks Verdeutlichung und klarer Disposition, wie er's nun einmal in dieser seiner alten Schule gelernt: »Macht's besser als wir!«

Aber da waren sie schon um die Ecke.

Die Kachel

Wer dreißig Jahre lang nicht mehr in seiner Vaterstadt war, auch nie vorher in diese mit einem Flugzeug eingeflogen ist, vergißt leicht, daß der Flughafen dieser Stadt, also Flugplatz Berlin, den Namen »Tempelhof« trägt, und daß dies das Tempelhofer Feld der Kindheit ist, mitten in der Stadt, auch für Kinderbeine nur zehn Minuten von der Schule entfernt. Man ist also in keiner Weise darauf vorbereitet, plötzlich nach dreißig Jahren seine Vaterstadt still ausgebreitet unter sich zu sehen. Das Flugzeug senkt sich zur Landung, die Stadt kommt näher und näher, Türme, Plätze, Straßen, Grünanlagen, Autobusse, Bäume. Aus einem blaudunstigen Meer der Erinnerung tauchen sie auf, sind da, einen Augenblick lang, und sinken dann sehr schnell wieder zurück, in ein – wenn man das heutzutage noch so ausdrücken darf – in ein Meer von Tränen.

Noch auf dem Asphalt der Rollbahn kann man nicht recht sehen. Erst bei der Zollkontrolle wird das Auge einigermaßen trocken und dann, beim ersten Berlinerisch des ersten Taxichauffeurs, wieder naß. Und so weiter.

Es hat sich nichts verändert in diesen dreißig Jahren. Nichts. Gar nichts. Ich bin – ach nein, wieder diese Tränen. Ich bin Berliner.

Ich stand vor unserem alten Haus. Es war noch da. Das heißt, es war ausgebombt oder ausgebrannt, jedenfalls abgerissen; aber die beiden unmittelbar angrenzenden Mietshäuser standen noch unversehrt zu beiden Seiten da, und zwischen ihnen war so peinlich aufgeräumt, abgefahren, geputzt und geschabt worden, daß unser altes Haus noch ganz in seinen altvertrauten Umrissen vor mir stand; ein treulich ausgesparter, pietätvoll aufbewahrter Zwischenraum; aus Luft, Berliner Luft.

Erst zagte ich, dann wagte ich: ich ging auf das Grundstück, auf den Heimatboden. Sandboden. Ich hatte ihn nie vorher betreten, ich Asphaltkind, hier war ja früher einmal der schimmelig feucht riechende Zementboden des Kartoffelkellers gewesen. Die Erde gab vertraut unter meinen Füßen nach, als ginge ich barfuß durch meinen ersten Wald.

Ein paar Mauerblümchen oder Mauergräslein wuchsen auf schwarzem, mit rötlichem Ziegelstaub vermischtem Sand, ein paar angesengte Holzstücke lagen umher, ein paar zerbrochene Kacheln. Ein Kachelfragment zeigte noch Reste eines Musters: eine halbe, einstmals weitverzweigte Orchideentulpenlilie, Jugendstil. Die war aus dem Badezimmer, unserem Badezimmer, der Wrasen aus der Badewanne war an ihr herabgelaufen, in kleinen Rinnsalen und dicken Tropfen, nackter Wrasen aus der Badewanne, aus Kindheit, Wachstum, Mannbarkeit. Ich bückte mich, nahm die Kachel auf, steckte sie hastig in die Regenmanteltasche, fühlte noch einmal nach, vergewisserte mich meiner Kachel in der Regenmanteltasche, als könne ich an einen solchen Besitz nicht glauben, sah mich scheu wie ein Dieb nach allen Seiten um, und ging.

An der Ecke starrte mich ein uraltes Rätsel an: Hier war die Querstraße, von der ich in diesen dreißig Jahren so oft geträumt. Es gäbe in dieser Straße, so hatte ich immer wieder geträumt, zwei Bäckerläden *nebeneinander*, nur durch zwei oder drei Häuser getrennt. Ich ging – wie konnte man nur so Unsinniges immer wieder träumen – ich ging auf dem Heimweg von der Schule von dem einen Bäckerladen zum andern, hin und her, besichtigte hungrig meine geliebten Pflaumenschnecken (die waren billiger, allerdings auch etwas ärmlicher als Pflaumenkuchen), besichtigte sie erst in dem einen und dann in dem anderen Ladenfenster, betrat darauf den Bäckerladen mit den größeren Pflaumenschnecken (die Tür klingelte hell), empfing eine lecker und warm duftende Tüte, öffnete sie, mir lief das Wasser im Mund zusammen, ich wachte auf.

Nun sind zwei so dicht nebeneinanderliegende Bäckerläden ein Unding, und sollte dieses Unding nicht nur im Traum, sondern wirklich vor dreißig Jahren existiert haben, so hätte inzwischen eine jahrzehntelange Konkurrenz von

Haus zu Haus oder wenigstens ein Luftangriff oder der Kampf um Berlin damit aufgeräumt. Vermutlich war nicht einmal ein einziger Bäckerladen mehr da, die Häuser hier schienen recht unbewohnt.

Was ich jetzt sah, war dies: zwei Bäckerläden, durch zwei oder drei Häuser getrennt, nebeneinander.

Ich fühlte instinktiv nach meiner Kachel wie jemand, der sich trotz vollen Tageslichts vergewissernd in die Arme kneift, ging zwischen den beiden Bäckerläden hin und her, betrat den Laden mit den kleineren Pflaumenschnecken (sie waren jetzt ohnehin so wirtschaftswunderlich groß geworden, geheimnisvoll aufgeschwemmt wie eingeweichte Brötchen damals, überlebensgroß, wenn Anna ihre Armen Ritter machte), die Tür klingelte hell, drei Pflaumenschnecken bitte. Die Verkäuferin war eine junge Frau, mußte damals ein Kind gewesen sein. Ob der Laden schon damals existierte, fragte ich. Sie wußte es nicht, sie sei aus Chemnitz herübergekommen. Ja bitte? (Der nächste Kunde.)

Dann nachmittags das Anstellungs-Interview, für das ich hergekommen war (es führte zu nichts), dann nachts wieder auf dem Flugplatz. Auf den Einstiegstufen zu dem amerikanischen Düsending fühlte ich noch einmal, wohl zum hundertsten Mal – es war schon ein geradezu krankhaft automatischer Vergewisserungsgriff geworden – nach meiner Kachel in der Regenmanteltasche.

Die Kachel war weg. Natürlich war sie weg. Wie konnte ich nur so kindisch sein und glauben, daß sich so etwas »mitnehmen« lasse.

Als sich das Düsending erhob, in tiefdunkler Nacht, waren auch die beiden Bäckerläden weg. Hatte ich sie je gesehen? Hatte ich je von ihnen geträumt? Auch Berlin war weg, der Himmel über der Stadt war schwarz und sternenlos, nur noch Irrlichter glühten in der Tiefe.

Kaspar Hauser

Nie in meinem Leben habe ich feudaler gewohnt. Ein führender Verlag in Hamburg schien mich in seinem Lektorat anstellen zu wollen, hatte jedenfalls ein persönliches Zusammentreffen vorgeschlagen, und ein alter, väterlicher Freund hatte mir gastfrei Unterkunft in seinem Haus in Hamburg angeboten. Ich hatte ihn seit Beginn der Hitlerzeit nicht mehr gesehen, als Nachfolger meines Vaters war er weit gekommen, war jetzt ein sehr prominenter Mann in der Bundesrepublik, und nun stand ich mit meinem in den Emigrantenjahren etwas verschlissenen Köfferchen vor einem der schönsten Häuser der Hansestadt, direkt aus meiner Uppsala-Mansarde vor einem Patrizierhaus an der Alster.

Der kleine, feine, nun schon ganz weißhaarige Herr öffnete selber die schwere Türe, holperte etwas kurzsichtig – oder waren es Tränen des Wiedersehns? – die marmorne Freitreppe herunter und breitete väterlich die Arme aus. Auch ich konnte kaum mehr sehen, auch sprechen konnte ich nicht.

Dann saßen wir lange und schweigend in seiner Bibliothek. Dort, fast unsichtbar in der Mitte des mahagonidunklen Ovals mit seinen eingelassenen Bücherreihen, das kleine Bild meines Vaters, darunter die zwanzig schweren Bände seines Lebenswerkes, die ich ebenfalls seit Beginn der Hitlerzeit nicht mehr gesehen hatte. Der alte Herr schenkte mir einen alten, kostbaren Moselwein ein, den er zu seinem sechzigsten Geburtstag vom Bundeskanzler bekommen hatte. »Hoffentlich schmeckt er Ihnen«, sagte er mit einem müden Zug um den Mund, »mir ist er etwas zu üppig, es ist jetzt alles sehr üppig bei uns geworden – selbst die alten Jahrgänge.« Er blickte scheu zu dem kleinen Bild über den zwanzig Bänden hinauf.

Er trage schwer an der Vergangenheit, sagte er leise, sie laste jede Stunde und jede Minute auf ihm. Man hätte damals so viel mehr tun können, tun müssen – man könne das nie wieder gutmachen. (Mein Vater war tot.)

Ich sah in die feinen, leidenden Züge des weißhaarigen alten Herrn und sagte aus vollem Herzen und aus tiefster Überzeugung, er habe keinen Anteil an dem, was damals geschehen; mein Vater hätte keinen würdigeren Nachfolger haben können. Aber der alte Herr schüttelte nur den Kopf und sagte immer wieder vor sich hin: »Trägheit des Herzens, Trägheit des Herzens.«

Ich gab ihm meine Hand: Er möge es mir glauben, er möge es mir wirklich glauben, er habe ja nie meinen Vater verdrängen wollen, es sei ja schließlich nicht *seine* Schuld, daß mein Vater kein »Arier« gewesen sei wie er –

»Es gibt Unterlassungssünden«, sagte er fast unhörbar. »Nun ja, es ist zu spät – nur ganz im Stillen kann man vielleicht versuchen . . .«

Er sprach den Satz nicht zu Ende. Deshalb also hatte er mir das schönste Zimmer im ganzen Hause einräumen lassen, mit den drei hohen Fenstern über der Alster. Deshalb der Moselwein des Bundeskanzlers. Deshalb auch seine Freude über meine Rückkehrpläne.

Am nächsten Tag kam ich erregt und gestikulierend in das stille Patrizierhaus an der Alster: Der Verlag habe so gut wie ja gesagt, jubelte ich, nur das letzte Wort stehe noch aus – reine Formsache. Ich wußte mich vor Rückkehrfreude nicht zu lassen, tänzelte durch die Glastüren (fast durchs Glas), jauchzte, jodelte fast, intonierte freudetrunken Walther von der Vogelweides »Ich hab' mein Lehen, all die Welt, ich hab' mein Lehen!« – erzählte, spekulierte, redete auf meinen väterlichen Freund mit frisch gebackenen Zukunftsplänen ein, »wieder zu Hause!« rief ich aus, stieß dabei ein Weinglas um – die stillen Bediensteten sahen mich mit stummen Blicken an (der dicken Köchin, der Emma, hatte ich schon in der Küche frohlockend auf den mütterlich breiten Hintern geklatscht).

Der feine alte Herr schien etwas nervös, auch seine Gattin hatte sich trotz allen Interesses für meine Zukunftspläne recht bald nach dem Abendessen empfohlen, hatte sich an den Kopf gefaßt, »wegen einer leichten Migräne«. Ob ich vielleicht zu lebhaft sei, etwas zu laut vielleicht, ob ich vielleicht störe, fragte ich den alten Herrn – solch eine Wendung, solch plötzliche . . . ja, *Zukunft,* endlich, nach so vielen langen Jahren, nach allem was geschehen, man sei da leicht ein wenig exaltiert, so'n bißchen plump vielleicht nach all der Zeit oder, wie sage man, eben ungewohnt, »kasparhauserisch«, er verstehe das sicher –

Der feine alte Herr schob sich die Brille zurecht und sagte etwas verlegen: »Sie sind vielleicht wirklich etwas zu zappelig.«

Als sich das letzte Wort des Hamburger Verlages noch um einige Tage hinauszuziehen schien, fragte ich den alten Herrn, ob es nicht vielleicht besser wäre, abwartenderweise vielleicht anderswohin umzuziehen. Der alte Herr schien den Kopf zu schütteln, vielleicht war es auch nur ein Alterszittern, und sagte dann: »Sehen Sie, meine Famil—«; aber ich ließ ihn nicht ausreden, es mußte ihm ja peinlich sein, sprach statt dessen ein paar Worte zu dem großen Barsoi, der auf dem Aubusson-Teppich wedelte, und versuchte, mich nicht daran zu erinnern, daß es auch 1933 Rücksichten auf die Familie gewesen waren, die bei unseren nichtjüdischen Freunden . . . na, nicht daran denken.

In einem billigen, kartoffelpufferriechenden Hospiz am Bahnhof, weitab von jener still im Mahagonidunkel geschwungenen Bibliothek mit dem Bild meines Vaters, fand ich ein kleines Zimmer. Man konnte dort nicht recht schlafen, der Lärm vom Bahnhof war sehr groß. Aber ich brauchte nur eine Nacht zu bleiben: Am nächsten Morgen kam das Nein des Verlages und ich reiste ab, an einen sehr fremden Ort: dorthin, woher ich gekommen war.

Der weiße Mond

1955–70

Der weiße Mond

Man rückt sich den Schlips zurecht, während man im Vorzimmer wartet, legt sich seine Worte zurecht, strafft sich innerlich, um als Stellungssuchender einen guten Eindruck zu machen, poliert auch die Schweden vor seinem inneren Auge auf, läßt sie in seiner Achtung höher und höher steigen, denn man erwartet ja im Augenblick sehr viel von ihnen: Arbeit, Existenz.

So war zum Beispiel das junge Mädchen hinter dem Anmeldetisch wirklich nett und freundlich gewesen, der Personalchef hatte schon am Telefon nicht uninteressiert geklungen. Hübsche Zeitschriften hier im Vorraum, schöne moderne Möbel. Geschmack. Ein gutes Unternehmen. Überhaupt ein gutes Land, im Grunde – vielleicht doch nicht *so* beziehungslos, *so* schweigend. Und eigentlich eine wunderschöne Stadt, dieses Stockholm – wie schön, dieser wundersam klare, dieser opalblau silbergrau dämmernde Winterhimmel.

Man hatte ja auch diesem Land eigentlich nie etwas anhaben wollen, sagt man sich auf- und abgehenderweise im Vorzimmer, und wenn man Schweden auch oft verwünschte, so hatte man doch dieses kleine Land nur als Symbol verwünscht, als Gleichnis für die Fremde, für –

Der Personalchef läßt bitten. Man sitzt ihm gegenüber, er hört sich freundlich mit ruhigen, wohlwollenden Blicken an, was man zu sagen hat, sieht sich auch jedes Zeugnis und jede Arbeitsprobe mit Interesse an (sie sind schon etwas abgegriffen, aber das macht wohl hoffentlich nichts). Dann sagt er wie gewöhnlich, man sei doch wohl etwas *överkvalificerad* (»überqualifiziert«), man antwortet wie gewöhnlich, dies sei doch hoffentlich kein Hindernis, man habe keinerlei Prätentionen, passe sich gern jeder Arbeit an, man sei schließlich . . . nun ja, nicht ganz von hier. Der Personalchef nickt verständnisvoll, fast warm, schreibt Namen und

Adresse wie gewöhnlich auf einen losen Zettel, fragt sogar nach der Telefonnummer (ein gutes Zeichen, wie gewöhnlich), man packt seine Zeugnisse und Arbeitsproben wieder ein, wie ein Handelsreisender in sein Musterköfferchen, und damit ist das Interview beendet.

Warum man dann auf dem Weg zum Stockholmer Hauptbahnhof (Rückfahrkarte nach Uppsala) stets voller Hoffnung ist, ist immer wieder ein Rätsel. Glaubt man vielleicht an Gedankenübertragung, fürchtet man, ein plötzliches Ernüchtern, ein Anfall von Hoffnungslosigkeit könne sich drahtlos auf jenen Personalchef übertragen und diesen dazu bewegen, den losen Zettel mit Namen, Anschrift und Telefonnummer in den Papierkorb zu werfen? Ach was, die Unterredung war ja durchaus positiv.

Man setzt sich auf eine Bank der Bahnhofshalle und wartet auf den Zug. Es ist dunkel geworden, der silberblaue Himmel ist nicht mehr, ist schwarz. Man nimmt sich vor, an gar nichts zu denken, auch nicht daran, daß man hier schon recht oft gesessen hat, auf gleicher Stellungssuche, mit immer gleichem Ausgang. Es fällt schwer, an nichts zu denken, es ist sehr still in dieser großen Bahnhofshalle trotz der vielen Menschen, fast wie das stille Leben und Schweben auf dem Meeresgrunde. Nette, stille Gesichter um einen herum, neben einem, sehen schläfrig aus. Niemand spricht. Man möchte gern mit irgend jemandem sprechen, nur mit sich selber nicht. Aber wer will den Mund öffnen, bei all dem Wasser auf dem Meeresgrund? Stille.

Der Lokalzug rattert in die Nacht. Starr im Mondlicht, in der Ferne, die neubaukalten, fingerschmalen Wohnsilos einer Trabantenstadt. Schweigende Menschen im Abteil, wieder Stille. Sie lesen die Zeitung oder sehen vor sich hin, denken wohl an die nächsten Sommerferien, wo sie wirklich einmal ganz für sich allein sein wollen, in ihrem kleinen Boot etwa, *i lugn och ro,* in Ruhe und Frieden. Steht keinem eine Sorge im Gesicht geschrieben? Eine, die wir teilen könnten? Aber es ist wohl das Boot, das sie verteeren wollen, oder der nächste Urlaub, oder der Kontrolltermin im Krankenhaus. Krankenhausstille. Weiße Betten, sauber, keimfrei. Auch dieses wunderschöne junge Mädchen quer gegenüber sieht einen nicht an, sieht keinen an, überhaupt nichts, ihr lüstern feuerrot bemalter Mund hängt träge, sie ist wohl nur ein dumpfer Untermieter im fremdgebauten Lustschloß ihres Körpers. Ach, »schwedische Sünde« ...

»Nicht hinauslehnen«, sagt ein Schild am Fenster. Eine menschliche Stimme? Vor dem Fenster ein weißer Mond, groß und rund und unbeweglich am klaren schwarzen Himmel. Der Mond in Schweden ist sehr weiß.

Der Zug fährt. Der weiße Mond steht still und groß. Man schließt die Augen. Aber der weiße Mond starrt einem seitwärts durch den Kopf, füllt ihn ganz aus, ist ganz der ganze Kopf, der runde, große, kalte, weiße, volle Mond. Schläft man?

Uppsala. Kein Autobus mehr, es ist nach Mitternacht. Man steht in einer langen Schlange am Taxistand, steht recht weit hinten in der Reihe, keiner hat sich vorgedrängt, auch man selber nicht, Ordnung ist alles. Stille. Hin und wieder, in großen Zeitabständen, kommt ein Taxi, der erste in der Reihe steigt ein, schlägt hinter sich die Tür zu, sonst kein Laut, dann der zweite, schlägt die Tür zu, langsam der Reihe nach, die anderen warten schweigend weiter, stampfen wortlos im Schnee, es ist kalt, man sieht ihren weißen Atem, fast eine Stunde ist vergangen, keiner murrt, keiner schimpft, keiner spricht mit dem anderen. Keiner, der an der Reihe ist und in sein Taxi steigt, fragt, ob vielleicht ein anderer in die gleiche Richtung wolle. Keiner.

Jetzt ist man selber dran, geht auf das Taxi zu, stutzt: Sollte man nicht fragen, ob einer den gleichen Weg hat? Vor der offenen Wagentür sehe ich mich um, sehe die starren Gestalten schweigend unter dem großen, weißen Mond –

– und frage nicht. Warum fragen? Warum auf Antwort warten? Auf die Antwort eines Personalchefs etwa? Zum hundertsten Mal?

Das Taxi fährt. Der weiße Mond steht still, bewegt sich nicht, entfernt sich nicht, und in der Stille schlagen Türen zu.

Der Schriftsteller

Ein Schriftsteller ist ein Mensch, der schreibt – was im Exil, fern von der eigenen Sprache, oft bitter ist und zum Verstummen führen kann.

Ein Wissenschaftler hingegen ist ein Mensch, der *über* etwas schreibt, und da es nun unzählige Dinge gibt, über die man schreiben kann – von Amöben bis zu Amenophis III. –, so kann von Verstummen keine Rede sein.

Noch größer wird dieses schon sehr große Betätigungsfeld, wenn es sich nicht allein um Dinge handelt (Amöben, Amenophis und dergleichen), sondern auch um die Deutung dieser Dinge seitens anderer Wissenschaftler der Gegenwart und der Vergangenheit. In diesem Fall schreibt man nicht nur über das, was ist, sondern außerdem noch über das, was über dies, was ist, geschrieben worden ist.

Ein typischer Fall ist die Botanik. Millionen von Pflanzenarten sind bereits in ganzen Bibliotheken beschrieben worden, fast das gesamte Pflanzenreich, bis ins kleinste Detail. Wenn man nun ein noch kleineres Detail entdeckt – etwa eine Kerbe mehr oder weniger an einem linken Wurzelhaar –, so können die Befunde der bisherigen Literatur bedenklich ins Schwanken geraten: Die Kerbe mag von Fall zu Fall tief oder flach sein, breit oder schmal, spitz oder rund, vier-, fünf-, sechs-, sieben- bis hundertzackig, von moderneren Aspekten ganz zu schweigen (Zellgefüge, Chromosomen usw.) – ein ganzes System eröffnet sich, ein ganzes Buch mag schließlich nötig sein, um die bestehende Literatur in puncto dieser Kerbe grundlegend zu revidieren.

Da nun ein solches Buch nur von Spezialisten gelesen wird, die selber ähnliche Bücher schreiben, und da die Anzahl solcher Leute in jedem Land sehr gering ist (durchschnittlich zwei bis drei), muß dieses Buch für nichts weniger als die ganze Welt veröffentlicht werden, also in einer Weltsprache erscheinen, was gleichzeitig den internationalen Ruf des Autors untermauert. In Schweden, dessen Sprache nur den Eingeborenen bekannt ist, war nun diese Weltsprache sehr lange Deutsch – etwa von Sedan (1870) bis Stalingrad (1943). Seither ist es Englisch, denn Schweden war und ist neutral.

Vor mir lagen 628 Seiten eines Manuskripts über *lavar* (schwedisch), was nun seit Stalingrad von mir nicht mehr mit »Flechten«, sondern mit *lichens* zu übersetzen war. Über die Aussprache dieses englischen Wortes war ich mir noch nicht recht im klaren und sprach es bis auf weiteres deutsch aus, was ja auch nebensächlich war, da man dem später gedruckten Buch die Aussprache nicht ansehen würde.

Diese lichens nun, wenn auch an sich sehr niedere Pflanzen, sind insofern wissenschaftlich von besonderem Interesse, als sie eine Mischung von Pilz und Alge darstellen, also *doppelte* Klassifizierungsmöglichkeiten zulassen, und damit doppelte Möglichkeiten, Irrtümer von Vorgängern aufzudecken, zu berichtigen oder auch selber neue Irrtümer zu begehen, die ihrerseits zu weiteren Werken desselben oder eines anderen Autors Anlaß geben können.

Mein Englisch aber wollte mir nicht recht aus der Feder fließen, auch ich war ja seit meinen Botschaftstagen ein sprachlicher Überläufer. So fanden feinere Übergänge zwischen Pilz und Alge wie »Fasern«, »Strähnen«, »Streifen«, »Strahlstriemen« und dergleichen in meinem englischen Wortschatz nur selten den rechten Widerklang, und auch die Orte, an denen diese Pflanzen wuchsen – das sogenannte Habitat – drohten in meiner Übersetzung gestaltlos ineinanderzufließen: Das Zeug wuchs auf – schwedisch – *tuvor, dungar, knullor, fickor, bumsar,* zu deutsch etwa Grasbukkeln, Reisigklitschen, Klapten (?), Broddeln (?) usw., und nun nach Stalingrad noch dazu in Englisch.

Mein Auftraggeber, ein junger stoppelhaariger Dozent mit algenpilzigen Warzenhänden und gläsernen Lupenaugen, drang auf mich ein: Gerade diese feinsten Nuancen und Unterschiedlichkeiten (*dungar, knullor* usw.) seien von entscheidender Bedeutung, denn gerade diese, und diese allein, unterschieden seine Arbeit grundlegend von den bisherigen Ergebnissen der Forschung. Jedes Wort also sei von Gewicht, jede kleinste Schattierung, und wenn man das auf englisch nicht wiedergeben könne – ach, es sei ein Jammer, daß Englisch im Vergleich zu Schwedisch eine so wortarme Sprache sei.

Vielleicht sei ich kein allzu guter Übersetzer, glaubte ich einwenden zu müssen; vielleicht sei nicht Englisch, sondern *mein* Englisch etwas arm.

Nein, nein, sagte er, das sei es nicht. Erregt und stoppelhaarig schritt er auf und ab. Auch für ihn selber sei es ja nicht leicht gewesen, schon auf schwedisch das rechte Wort für jede dieser wissenschaftlichen Schattierungen zu finden. Nein, nein, ich sei ein außerordentlich guter Übersetzer. Aber um nun auch auf englisch all diese Feinheiten erfühlen zu können, müsse man schon das sein, was er selber sei – er sah mich scheu an.

»Ein Botaniker?«

»Ach nein«, antwortete er ungeduldig, »ach nein«; und dann nach langem Schweigen, als sei jede weitere Erklärung zu hoch für mich:

»Sehen Sie, in meinem Beruf muß man etwas sein, was man von Ihnen weiß Gott nicht verlangen kann – man muß *författare* sein.«

författare: Schriftsteller.

Das Meer

»Pappa, vad är dessa vita saker på vågorna?« Mein sechsjähriger Junge sieht fragend mit seinen großen braunen Augen zu mir auf, am Strand. Er will wissen, was diese »weißen Dinger« auf den Wogen sind.

Wann immer ich das Wort »Kämme« in einer anderen Sprache suche, in diesem Fall auf schwedisch, finde ich es nicht. Unzählige Male habe ich es auf meinen Emigrantenwegen nachgeschlagen, auf schwedisch in Schweden, auf englisch in England, früher auch auf spanisch und französisch, immer wieder erschien mir die Übersetzung fremd und völlig neu, und immer wieder vergaß ich sie nach ein paar Augenblicken. Auch jetzt, wo ich dies niederschreibe, fällt mir das Wort in keiner anderen Sprache ein, es will einfach nicht in die Fremde. Kämme ...

Psychoanalytiker würden schon eine plausible Erklärung finden, Freudianer zum Beispiel würden vielleicht fragen, ob ich als junger Ödipus womöglich davon geträumt habe, meinen Vater mit – nun ja, mit Kämmen, dem Kamm meiner Mutter etwa, zu erstechen. Da das nicht der Fall ist, läßt sich vielleicht auch ohne Spezialistenhilfe eine Erklärung finden. Diese:

Ich war etwa sechs Jahre alt, als die Eltern mit uns zum erstenmal an die See fuhren. Wir kamen spät in der Nacht an, aber ich wollte nicht ins Bett: ich hatte noch nie »das Meer« gesehen (es gab nur eines), ich wollte das Meer sehen und drängte meine Mutter so lange, es mir zu zeigen, bis sie nachgab.

Vor dem Haus blies der Wind, es war stockdunkel, es schien an ihrer Hand bergab zu gehen, der Boden wurde immer weicher unter den Füßen, dann ging es wieder leicht bergan, durch harte Gräser und immer weicheren Sand, ich hörte stärker und stärker ein lautes Rauschen, jetzt schien auch ein fahler Mond, wir blieben stehen.

Weiße Wesen rollten und rauschten aus der tiefen Nacht heran.

»Das sind Kämme«, sagte meine Mutter. »Wenn sich die Wogen brechen.«

Ich sah in die schwarze Nacht, sah die »Kämme«; die Wogen sah ich nicht, noch auch daß sie sich »brachen«. Es fing zu regnen an, es wehte kalt und salzig, mich fröstelte, meine Mutter nahm mich bei der Hand, bald lag ich in tiefem Schlaf.

Die volle Sonne strahlte am nächsten Morgen durch das offene Fenster aufs Bettkissen, ich erwachte, richtete mich auf, der blaue Himmel im Fensterrahmen ging mit mir in die Höhe, wollte nicht enden, zeigte sich plötzlich weit unten in neuem nie erblicktem Blau, das mit weißen Reitern, *Kämmen,* still rauschend vor mir lag: Das Meer.

Jag vet inte hur man kallar det här – ich weiß nicht, wie man diese Dinger nennt, antwortete ich tonlos meinem Jungen, der immer noch mit großen fragenden Kinderaugen zu mir heraufblickte – und plötzlich, in unerklärlich gereiztem Aufwallen: jag vet det *verkligen* inte, ich weiß es *wirklich* nicht, kan inte svenska, ich kann kein Schwedisch.

»Visst kan du tala svenska, Pappa« – doch, Pappi, du kannst doch Schwedisch, besser als *alle* anderen; er sah mich groß und verwundert an. Ich nahm ihn auf den Arm, drückte ihn an mich, und setzte ihn dann zurück in seinen weichen, weißen schwedischen Dünensand. Er wischte sich etwas Nasses von der Backe, das war wohl vom Vater draufgekommen, und frage: nå – na, Pappi, wie heißen denn nun diese weißen Dinger, vad heter nu dessa vita ting?

»Kämme«, sagte ich, *Kämme.* Er wiederholte es, *käm-mä, käm-mä,* plapperte es immer wieder vor sich hin, wie er da an meiner Hand, auf einem Bein, mit großem Gespritze durch die Wasserlachen hüpfte, vor den schäumenden, den weiß heranrauschenden . . .

Das Vaterunser

Sie war nie richtig in der Schule mitgekommen. Auch später klappte es nicht: Im Pestalozzi-Fröbelhaus, wo sie Kinderpflege lernte, haperte es kurz vor der Abschlußprüfung, im Diakonissen-Mutterhaus kam sie über die Probeschwester nicht hinaus (die schwarze Tracht stand ihr so gut, sie verhüllte ihren etwas ungestalten Körper, und auch das Schielen fiel unter dem Häubchen mit der weißen Krause nicht mehr so auf), und in der christlichen Gemeinschaft in der Hohenstaufenstraße, wo sie endlich »Schwester« unter freikirchlichen Brüdern sein durfte, ging es auch nicht; denn als Hitler kam, sagte man nicht mehr »Schwester« zu ihr und bat sie wegen ihrer Rasse hinaus.

Auch ihr Bruder, der immer mit den besten Zeugnissen nach Hause kam, war nicht gut für sie. Auch ihre Mutter nicht, die sehr häufig Worte wie »stattliche Erscheinung«, »entzückende Figur« und ähnliche Ausdrücke für andere Menschen gebrauchte. Berlin war ebenfalls nicht gut für sie, besonders nicht der elegante Westen, in dem wir wohnten. Nur zur Hitlerzeit lebte sie ein wenig auf: Viele Juden wurden deportiert, und da sie durch einen Zufall noch keinen Judenstern zu tragen brauchte, konnte sie ungestraft die Straßenbahn benutzen und diesen Menschen mit den letzten Botengängen und anderen kleinen Dingen helfen. Auch nahm sie zwei kleine Kinder von deportierten Eltern bei sich auf, das eine drei und das andere zwei Jahre alt. (Sie liebte kleine Kinder, besonders solche, die noch nicht recht sprechen konnten, nicht fragen konnten, warum sie denn so schiefe Augen habe oder einen so ungewöhnlichen Gang.) Als diese zwei Kinder dann von der Gestapo abgeholt und deportiert wurden, schrieb sie keine Briefe mehr, auch an ihren Bruder in Schweden nicht mehr.

Der Bruder besorgte ihr dann eine Einreiseerlaubnis nach Schweden. Dieses stille, freundliche Land war sicher gut für sie, keine Buben würden mehr hinter ihr herlaufen und »Wakkelpopo! Wackelpopo!« rufen. Sie fand auch dieses Land sehr schön und arbeitete hier als Wärterin in einem Heim für mongoloide Kinder, das sind stark zurückgebliebene Kinder, die oft zeitlebens nicht gehen und nicht sprechen können, auch oft erblindet und manchmal trotz ihres winzigen Körpers schon erwachsen sind. Sie nahm sich sehr viel Zeit mit diesen Kindern, so daß man ihr zuweilen vorhielt, sie sei zu langsam, vielleicht auch schon zu alt.

Eines Tages sagte sie zu der jungen Abteilungsleiterin, die ihr dies deutlicher als je vorhielt, wohl auch mit einer Kündigung drohte, sie wolle mal eben ganz schnell hinuntergehen, um etwas Blumenerde zu holen (sie hatte einen kleinen Veilchentopf an ihrem Arbeitsplatz), und kam nicht mehr zurück. Nach vielen Wochen erst fand man sie verschneit in einem schwedischen Wald. Ein Fläschchen mit vereistem Wasser lag neben ihr, eine leere Tablettenhülse, und etwas Kleingeld von der Fahrt.

Ich suchte einen Pfarrer auf und bat ihn, meine Schwester zu begraben. Auch bat ich ihn, mir einen besonderen Wunsch zu erfüllen: ich bat ihn, keine Predigt oder Ansprache zu halten und auch von dem üblichen Kirchenritual abzusehen; er möchte bitte nur den Text der Bergpredigt lesen, die Seligpreisungen und das Vaterunser. Nur dies.

Der freundliche Pfarrer verstand meine Bitte und willigte ein, obwohl dies nicht ganz den liturgischen Vorschriften entsprach.

Dann saßen wir in der Friedhofskapelle in Uppsala um den kleinen schwarzen Sarg, der Gerda so gut zu passen schien wie einstmals das schwarze, so früh verlorene Diakonissenkleid. Neben ihr stand der Pfarrer und las den Bibeltext.

Die Bergpredigt? Hinter dem Schwedischen suchte ich die altvertrauten Worte. Saliga äro de som – Selig sind, die da geistlich arm sind, denn das Himmelreich ist ihr. So fremd, so fern klang es, wie eine Litanei. Selig sind die Sanftmütigen, es klang eintönig und inhaltslos. Selig sind, die reinen Herzens sind, so fern, so wesenlos, das konnte doch nicht am Schwedischen liegen, auch am Pfarrer konnte das nicht liegen, ich zwang mich, andächtig zu sein und faltete die Hände. Darum sollt ihr also beten: Fader vår, Vater unser, der du bist –

Die Worte waren leer.

Dann senkten wir Gerda in ihr Grab und warfen ihr etwas Erde nach, Blumenerde.

Vater unser, der du bist im Himmel, geheiligt werde dein Name, dein Reich komme, dein Wille geschehe, wie im Himmel, also auch auf Erden.

Der Repetitor

Als das einzige Resultat meiner Arbeitssuche ein Angebot war, schwedische Pornographie ins Deutsche zu übersetzen, dachte ich darüber nach, warum unsereiner berufsmäßig so leicht in einer Dunkelzone landet – und dachte plötzlich an ihn.

Er wohnte im vierten Stock eines verwohnten Stuckhauses. Abgetretene Treppenläufer führten zu ihm hinauf, jahrzehntelang abgetreten von immer neuen Horden junger Leute, die zu seinen privaten Repetitionskursen kamen, Einpaukkurse für Jurastudenten, die kurz vor dem Referendarexamen standen. Er war der berühmteste Repetitor Berlins.

Man nannte seinen Namen nur leise – wohl aus Beschämung darüber, daß man überhaupt einen Repetitor brauchte oder einst gebraucht hatte: Professoren, Staatssekretäre, Reichsgerichtsräte und Minister zählten zu seinen einstigen Schülern.

Er war so bekannt, daß er seine Schüler unter Hunderten von Bewerbern auswählen konnte, achtundzwanzig für jeden Kurs. In seinem kärglich möblierten »Berliner Zimmer« standen achtundzwanzig Klappstühle um einen langen, nackt ausgezogenen Fichtenholztisch. Als nach Jahren einer dieser achtundzwanzig Klappstühle zerbrach, wählte er fortan für jeden seiner Kurse siebenundzwanzig Schüler aus. (Ich selber gehörte einem 27er Jahrgang an.)

Die Kriterien seiner Auswahl waren eigenartig. Gegenüber aufnahmesuchenden Studenten ließ er das Wort T-T-Tschúbbin fallen (er stotterte in emotionalen Dingen). Wem dieses Wort geläufig war – möglichst auf Grund verwandtschaftlicher Anknüpfungspunkte oder notfalls auch nur vom Hörensagen –, der war aufgenommen. Der Rest wurde dann aufs Geratewohl nachgefüllt, bis die Siebenundzwanzig vollzählig waren. (Tschúbbin, Rechtschreibung unbekannt, war offenbar irgendein Ort in Polen, sein Heimatort. Er war ein sogenannter polnischer Jude.)

Er hatte einen riesigen kahlen Schädel, so groß wie ihn sonst eigentlich nur Wasserköpfige haben. In diesem t-t-tschúbbiner Riesenschädel befand sich nun die gesamte deutsche Rechtswissenschaft (preußische Referendarexamina waren recht schwer) – und dazu noch die Schrullen, Steckenpferde, Eigenheiten und Privattheorien der einzelnen examinierenden Professoren, über die sie ihre Prüflinge besonders eingehend zu befragen pflegten. Alles war in diesem Kopf.

Kurzum, er war eine Art lebende Eselsbrücke. Da nun aber kein Mensch gern ein Esel gewesen sein will, so nannten die späteren Professoren, Staatssekretäre, Reichsgerichtsräte und Minister, die einst dank dieser Brücke nicht durchgefallen waren, seinen Namen nur leise. Ich sagte das schon.

Offen gestanden, er war ein Handlanger, fast ein Dunkelmann. Sein Gewerbe hatte etwas Obskures, fast Illegales; denn wozu waren schließlich die Universitäten da? Nicht einmal die kleinste akademische Planstelle hatte er, gehörte eben nicht zur Zunft; war ja auch schwer für einen – ich sagte das schon – für einen polnischen Juden.

Geld aber, Geld muß er scheffelweise eingeheimst haben, dieser Ostjude. Man rechne nur einmal selber nach: Tagtäglich – er war sehr emsig, wie das solche Leute sind –, tagtäglich sechs bis sieben Kurse à 28 (später 27) Schüler à zwei oder drei Mark pro Kopf und Stunde – macht an die fünfhundert Mark am Tag. Dazu keinerlei Unkosten: ein verwohntes Haus, ein schäbiges Berliner Zimmer, nicht einmal Reparaturausgaben für einen zerbrochenen achtundzwanzigsten Stuhl. Verheiratet war er auch nicht, und auf Urlaub fuhr er nie.

Was fing dieser Mann in seinen verschlissenen Schlotterhosen eigentlich mit all dem vielen Geld an? Ein elender Knauser? Ein filziger, schäbiger, geiziger Geselle? Saß er womöglich des Nachts bei fahlem Mondenschein auf einem großen runden Geldsack, klaubte er hämisch grinsend das Gold des Tages ein, wiegte dabei seinen schweren kahlen Riesenkopf und lachte sich ins Fäustchen, dieser polnische Jude, wie Shakespeares Shylock, Dicken's Fagin, Goebbels' Untermensch?

Oder half er im stillen irgendeinem buckeligen Kümmerling im Getto von T-T-Tschúbbin? (((Oder – der Autor verbittet sich ein aus dem Zusammenhang herausgerissenes Zitat dieses Satzes in Deutschland – Oder trug er sein Scherflein zur Einwanderung lange unterdrückter polnischer Juden bei, die sich in den Zwanzigerjahren auf dem Kurfürstendamm eines kranken Landes mit ihren paar armseligen Neureichtümern breitmachen konnten, arme Teufel, mit glitzernden Autos und fetten silberfuchsbehangenen Frauen, inmitten von Millionen Arbeitsloser, und die, arme Teufel, folglich mit diesem traurigen Schauspiel die antisemitische Hetze eines Adolf Hitler ahnungslos untermauerten, und damit auch das Dritte Reich?)))

Oder wußte er überhaupt nichts mit all dem vielen Geld anzufangen, stopfte er es mürrisch und zerstreut in irgendeinen klapprigen Schrank – er wirkte mürrisch und zerstreut, ja fast unfreundlich in privaten Dingen –, räumte er es aus dem Weg wie leidiges Handlangergeld, wie einen Judaslohn? War ihm dieses Geld nicht einmal sauber genug, um einen zerbrochenen Stuhl damit reparieren zu lassen – einen achtundzwanzigsten Stuhl, auf dem einst mit roten Ohren und glühenden Wangen jetzige Staatssekretäre und Minister an seinem Mund gehangen, sein Wissen aufgesaugt, ein Wissen, das ihm selber nichts anderes eingebracht als Geld, Geld, Geld?

Wir wissen die Antwort nicht, niemand wird sie jemals wissen. Denn Springsky (sein Name ist leise auszusprechen, aus Ehrfurcht) wurde vergast.

Der Schrankmensch

(Gewidmet M. C., Redakteur, Kommunist; M. W., Hausfrau, katholisch-konservativ; E. S., Museumsfotograf, Parteizugehörigkeit unbekannt.)

Daß ich mich gerade in einem Hotel im nördlichsten Lappland befand, hatte nichts mit der dort recht sehenswürdigen Mitternachtssonne zu tun, sondern mit einer von diesem Hotel ausgeschriebenen Nachtportierstelle (die ich übrigens nicht bekam). Im Augenblick wartete ich auf Vorlassung beim Chef und mußte vor lauter Stellungssuche-Spannung plötzlich austreten.

BESETZT. Hinter der Klosettüre jedoch erklang ein mildes *ett par minuter till, tyvärr,* »es dauert leider noch ein paar Minuten«.

Dies berührte mich. Derlei Dinge kommen selten vor, und noch viel seltener in einem so stillen, nicht-freundlichen (wenn auch nicht unfreundlichen, sagen wir: null-neutralen) Land wie Schweden.

Dann öffnete sich die Klosettür, der bisher unsichtbare Okkupant, der mit den paar Minuten, erschien:

ein Schrankmensch.

Ein Schrankmensch ist schwer zu definieren. Er kann jeder beliebigen Gruppe angehören, den Armen oder Reichen, Klugen oder Dummen, Sympathischen oder Unsympathischen. Auch kann er jedes beliebige Aussehen haben: wohlgenährt, ausgemergelt, distinguiert, ordinär usw. (Mein Klosett-Schrankmensch zum Beispiel hatte eine große Nase, etwas struppiges Haar und ziemlich armselige, schlotterige Hosen.) Nur eines unterscheidet den Schrankmenschen von allen anderen Menschen: Man riecht ihm unfehlbar an, mit dem untrüglichen Riecher des Verfolgten riecht man es ihm augenblicklich an, daß er einen in seinem Schrank verstecken würde, wenn die Häscher hinter einem sind.

Der Leser mag es glauben oder nicht: ich habe einen solchen Riecher, den untrüglichen Spürsinn jahrtausendlang gejagter Tiere. Ich rieche es Dir an, lieber Leser, ich riech's Dir augenblicklich und unfehlbar an, ob Du ein Schrankmensch bist oder ein lauwarmer oder ein potentieller Nazi. Hat nichts, aber auch gar nichts mit Deiner Weltanschauung zu tun, Deiner Religion oder Deiner Bildung, möglicherweise ein ganz klein wenig mit Deiner Umwelt, Deiner Zeit und Deinem Land; aber im Grunde und vor allem mit Dir selbst. Und da nun ein Schrankmensch niemals zugeben wird, einer zu sein (Schrankmenschen sind bescheiden), brauchst Du Dich nicht darüber zu schämen, Deiner Meinung nach keiner zu sein.

Auch gibt es ja so wenige – verschwindend wenige Schrankmenschen gibt es, nicht einmal statistisch kann man sie erfassen, eine numerisch feststellbare Population ist nicht vorhanden, schon weil verläßliche Teste nur unter Verhältnissen vorgenommen werden könnten, die für den Getesteten recht große Unannehmlichkeiten – Todesstrafe, Konzentrationslager usw. – mit sich führen würden. Statistisch-soziologisch gesprochen kann also eine Experimentiergruppe überhaupt nicht erstellt werden; es existiert lediglich eine sogenannte Kontroll- oder Normalvergleichsgruppe, nämlich die ganze Menschheit, und mit der kann man natürlich nichts anfangen.

Da kann man nur raten, grob und aufs Geratewohl raten, wie oft denn etwa so ein Schrankmensch vorkommen mag. Vielleicht einer auf tausend, bei Theologen und Juristen vielleicht einer auf zweitausend. Nun gut, seien wir großzügig und sagen wir durch die Bank: einer auf *hundert*. Das ist natürlich sehr viel, vermutlich viel zu reichlich bemessen (vgl. 1. Mose 18,32: Sodom und Gomorrha), man kann ja beim besten Willen nicht verlangen, daß mehr als ein Promille der Menschheit Helden sind, und noch dazu unsichtbare Helden (unsichtbar für ihre Mitwelt, ja meistens für sich selber) – oft reine Dumm- oder Dickköpfe, die sich von den Klügsten der Landesklugen, ja vom Gesetz des Landes nicht überzeugen lassen wollen und durch ihre Hilfe (um die nicht einmal ein am

Wegrand Blutiggeschlagener schreit, der wurde in einem wohlgeordneten Terror-Regime längst zur Seite geschafft – der barmherzige Samariter hatte es da viel leichter) – durch ihre Hilfe unverantwortlich, ja hochverräterisch das Sein oder Nichtsein von Weib, Kind und Nation aufs Spiel setzen. Deshalb auch meine namenlose Überraschung, als ich auf jenem Hotelklosett in Abisko, Lappland, einen Schrankmenschen sah.

Übrigens traf ich ihn dann noch einmal, am Abiskoer Bahnhof. Er stand mit einer verschlissenen Reisetasche auf dem öden Bahnsteig, tatterte in der kalten Polarnacht, tatterte vielleicht überhaupt ein wenig. Ich lächelte ihm zu, er lächelte zurück, etwas traurig schien er durch seine große runde Krankenkassenbrille dreinzublicken, und wandte sich dann scheu zur Seite. Da wußte ich – brauchte ihn nicht erst zu fragen, wollte es auch nicht –, daß dies der alte Nachtportier war, gekündigt, rausgeschmissen, wertlos, dessen Stelle ich hatte ergattern wollen.

Der Namensvetter

Zwar war Herbert nicht zur Beerdigung meines Vaters gekommen, zur Hitlerzeit war das wohl für einen preußischen Assessor etwas riskant, schließlich war mein Vater, wenn Herbert ihn auch von Kindesbeinen an kannte, von der anderen Rasse. Auch hatte mich Herbert schon vor Hitler einmal aufgefordert, ich solle ihn auf der Straße rechts von mir gehen lassen, da er im Gegensatz zu mir einer Burschenschaft angehöre (das Burschenband sei zu ehren), und seitdem waren wir allmorgendlich getrennt zur Universität gegangen. Aber schließlich war er doch mein Klassenkamerad gewesen, die ganze Schulzeit hindurch mein allerbester Freund, ein wirklich guter Freund vielleicht schon deshalb, weil er sehr hager war und geniert die Turnstunde schwänzte, gegen deren muskelstolzen Kanonenfutterdrill ich gleichfalls etwas einzuwenden hatte. Auch hatte er mir später jedes Jahr einen sehr pünktlichen Geburtstagsbrief geschrieben, obwohl er doch Parteigenosse war – sogar in meinen Kellerbehausungen in Spanien kam das an. Und wenn mich auch sein berufliches Fortkommen im Vergleich zu dem meinen etwas wehmütig stimmte – fast jedes Jahr brachte sein Geburtstagsbrief eine neue Amtsbeförderung, während mir selber zu nichts anderem zu gratulieren war als eben zu meinem Geburtstag –, so waren es doch Grüße eines besten Freundes.

Auch hatte er sicher immer noch seine großen abstehenden Ohren, die an vieles erinnerten. Wir hatten nämlich in der Schule stets über dasselbe lachen müssen, waren wohl überhaupt die Albernsten der Klasse gewesen. Da pflegten wir den durch Lachkrampf arg verzerrten Mund mit einer nachdenklich ernst aussehenden Stützgeste des Daumens und Zeigefingers vor den gestrengen Lehrern zu tarnen, die Finger kamen dabei genau in die Lachkurve des Mundes zu liegen und verdeckten diese sehr gut – bis Herberts abstehende Ohren feuerrot anliefen und uns verrieten, denn sie waren sehr groß. Dies verband uns sehr.

Gewiß, einer seiner Geburtstagsbriefe kam aus Polen, wo er während des Krieges Besatzungsrichter war. Der Brief erreichte mich im Krankenhaus (»Unterernährungsfolgen« war die Diagnose), schlaflos kreisten meine Gedanken um die Gerichteten in Warschau – die Kranken in dem großen Krankensaal, in dem ich lag, stöhnten so sehr des Nachts. Aber er war doch damals in Berlin zum Bahnhof gekommen, ganz unerwartet, trotz der Hitlerzeit, hatte ein halbes Pfund Weintrauben mitgebracht, und als sich der schwere Zug langsam und feierlich in Bewegung setzte (es galt einen Abschied von der Heimat), hatte er mit einem großen weißen Taschentuch nachgewinkt und plötzlich – ich werde ihm das nie vergessen – plötzlich das Gesicht zur Seite gewandt, so daß ich nur noch seine großen, diesmal sehr bleichen Ohren in der Ferne verschwinden sah, auf einem Bahnsteig in Berlin.

Weshalb man eben, wenn der Freund in Not ist – dies war *nach* der Hitlerzeit – allwöchentlich sehr vollgepackte Lebensmittelpakete nach Berlin schickt, nach dem Zusammenbruch. Wie rührend, wie geradezu beschämend seelenvoll, wie »deutsch« waren die seitenlangen Dankesbriefe! Und eines schönen Tages dann ein wunderbar kurzer und schlichter Brief (ein Engländer hätte ihn schreiben können): Er habe seinen ersten Sohn bekommen und ihm den Namen Werner gegeben. Meinen Namen.

Vor einigen Wochen nun sah ich Werner zum erstenmal, er logierte bei mir auf einer Ferienreise nach Schweden. Er war ein stattlicher, netter Jurastudent von zweiundzwanzig Jahren (etwa so alt wie ich damals am Bahnhof). Er hatte eine überaus gute Kinderstube, kam ja auch aus gutem Haus, sein Vater war jetzt – nun ja, ein sehr hoher Beamter der Bundesrepublik. So dankte Werner sehr manierlich und gewandt für alles und jedes, und dies so nachdrücklich und beredt, daß es an Quittungen oder Empfangsbestätigungen erinnerte, mit denen man mit deutscher Gründlichkeit eine Sache ein für allemal begleichen, sozusagen aus der Welt schaffen will. So sagte Werner beispielsweise eines Morgens »Ja, recht vielen

Dank, sehr gut«, als ich mich danach erkundigte, ob er gut geschlafen habe; er sagte nicht einfach »Yes« oder »Yes, fine« wie irgendein hergelaufener Angelsachse, obwohl ein solcher vielleicht dann auch gefragt hätte, wie ich denn selber geschlafen hätte. Nein, dies fragte Werner nicht. (Man soll nicht kleinlich sein, aber gerade in jener Nacht hatte ich sehr schlecht geschlafen, die Gerichteten von Warschau waren wieder aufgetaucht, und eine Frage gerade dieses jungen Mannes hätte nach gerade dieser Nacht sehr wohlgetan.)

Er fragte überhaupt sehr wenig, sprach seinerseits jedoch sehr viel (nun gut, er war ja noch sehr jung) – erläuterte mir zum Beispiel Wissenswertes über Schweden, Uppsala, England, das Flüchtlingsdasein (der Ostdeutschen in Westdeutschland) und insbesondere seine eigenen Zukunftspläne.

Zukunftspläne – nein, man soll nicht kleinlich sein, soll neidlos sein, auch wenn man selber keine Zukunft hat und gerade einmal wieder ohne Arbeit ist. Neidlos sein – ich erhob mein Glas, stieß mit ihm auf seine Zukunft an, alte Erinnerungen stiegen herauf, zwei große abstehende Ohren, feuerrot, mir wurde warm ums Herz: »Viel Glück, Werner«, sagte ich, und dann ganz unvermittelt, jetzt auch meinerseits mit feuerroten Ohren – »eigentlich nett, daß du Werner heißt.«

Er sah mich ausdruckslos an.

»Na tu' man nicht so, du weißt schon, woher du diesen Namen hast«, und väterlich klopfte ich ihm auf die Schultern.

Nein, sagte er, er wisse es nicht.

(Und fragte auch nicht.)

Der Würfel

Unterließ zu berichten, daß mein deutscher, ach so deutscher und selbstbeflissener Namensvetter Werner, von dem soeben die Rede war, einen gleichaltrigen Freund mit nach Schweden gebracht hatte, der ebenfalls bei mir wohnte, sich aber viel weniger wortreich bedankte, überhaupt viel seltener und eigentlich fast gar nicht sprach, jedoch stets an der richtigen Stelle lachte und immer sehr lieb und warm aus seinen guten Pfälzeraugen dreinblickte, beim Abschied ganz besonders.

Als er schier unermüdlich aus dem abfahrenden Zuge winkte, fühlte ich, wie sehr er mir ans Herz gewachsen war. Auch ich winkte unermüdlich und dachte: Ein Süddeutscher. Dann, beim Weiterwinken: ein Deutscher, *auch* ein Deutscher. Dann (ich winkte immer noch, obwohl sein Taschentuch nicht mehr zu sehen war): kein Deutscher, kein Süddeutscher, kein Franzose, kein Engländer, sondern ein *Mensch*.

Das mit nationalen Verallgemeinerungen ist nämlich so eine Sache, und Leute wie ich selber sollten nach allem, was ihrer Rasse auf Grund solcher Vorurteile widerfahren, schon in ihrem eigenen Interesse etwas vorsichtig sein, sehr vorsichtig sogar.

Und dennoch sündigt man immer wieder. So etwa in einem Restaurant in Malmö, als ich dort auf Arbeitssuche war. In einer entlegenen Ecke hatte sich eine Gesellschaft von sechs Touristen, drei beleibte deutsche Männer mitsamt Ehefrauen, niedergelassen. Sie seien hier nicht näher beschrieben, denn sie waren *typisch* (wirtschaftswundervollgefressene Vertreter des Vierten Reiches) und diese, brauste es in mir auf, diese feisten Volksgenossen fingen denn auch typischerweise so laut und auffällig zu sprechen an, daß ich sie selbst in meiner recht entlegenen Ecke hören mußte.

Sie sprachen englisch. Waren Engländer.

Das Bild wandelte sich augenblicklich. So schnell wie etwa ein perspektivisch gezeichneter Würfel seine Seiten im Auge des Beschauers von innen nach außen, von hinten nach vorn wechseln kann, so schnell hatte sich das Bild jener Gruppe in jener Ecke verändert: Prachtvolle, herzhaft handfeste Leute saßen da gemütlich um den Tisch, Schlächtermeister aus Lancashire (wo es die lieben, guten, anheimelnd rotbraunen Rinder mit den herrlichen, billigen »tripes« oder Kutteln gibt), mit ihrem herben, treuherzigen Lancasterdialekt, den ich so liebe, *typisch* – und die dicke Betty da, die vor lauter Herzensgüte ihr Fett nicht in Schach halten kann, umarmen könnte ich sie, abknutschen, die dicke Mammymutti aus Pullingham, Lancs – ach England!

Dann, aus purer Wißbegierde, versuchte ich den Würfel wieder in seine frühere Perspektive zurückzustülpen (wirtschaftswundervollgefreßne Volksgenossen usw.). Es war nicht einfach, ich starrte und starrte auf die Gruppe, versuchte das alte Bild in sie hineinzuprojizieren, aber der Würfel hielt stand; die Perspektive wand und ringelte sich widerspenstig wie ein Aal, je mehr ich sie zu fixieren suchte, sie wollte einfach nicht – doch, endlich, jetzt, *perfekt:* Da saßen sie ja wieder, die sechs vollgefressenen Teutonen.

Nichts anderes als eine optische Täuschung, machte ich mir klar. Nationale Verallgemeinerungen sind demagogische Trugbilder, belehrte ich mich, und ungehalten gebot ich mir, diese fortan peinlichst zu vermeiden. Mein angerüffeltes Ich schien nach alter Gewohnheit etwas Abstrakt-Intellektuelles einwenden zu wollen, schien davon zu faseln, daß an »optischen Täuschungen« schließlich irgend etwas dran sein müsse, weil es sonst ja die optisch vorgetäuschten Dinge »logischerweise« überhaupt nicht geben könne, daß es »folglich« solche Würfel gäbe und solche, diese Länder und jene, Deutsche, Engländer usw., ja sogar Neger. Aber ich ignorierte diese reaktionäre Haarspalterei und sah an dem vorwitzigen kleinen Moritz in mir geniert vorbei.

Da begab es sich, daß ein robust aussehender, sehr hell und elegant gekleideter Herr mit braungebranntem Antlitz, schwarzer Sonnenbrille und eingehakter Mondänblondine an die anglo-teutonische Gesellschaft der drei Männer und der drei Frauen herantrat und erklärte, der Tisch sei *besetzt.*

Er wies dabei auf eine Zeitung oder Zeitschrift auf dem Tisch, der »Spiegel« war es wohl, mit einem Umschlag, den ein feistes Foto von Franz Josef Strauß zum Bersten zu bringen schien. Die drei Männer aus Lancashire blickten auf, verstanden nicht, der hell gekleidete Herr erklärte sich etwas deutlicher und sagte: *ockjupeid.* Da verstanden die drei Männer aus Lancashire, die drei Frauen auch, erhoben sich, lächelten verbindlich (»come, Betty, we are *occupied*«), räumten den Tisch und sagten: *sorry.*

Auch ich war sorry. Sehr sorry sogar.

Der Niegrauschuh

Wie sympathisch sie aussah. Das schneeweiße Haar und dazu dieses rosige, unschuldig runde Kindergesicht. Sie mußte an die sechzig sein, sie strahlte etwas Mütterliches aus. Auch sie schien ins Gespräch kommen zu wollen, auf dieser Parkbank in Uppsala, und bald plauderten wir in der Abendsonne.

Sie war Dänin, Journalistin an einer großen Kopenhagener Zeitung. Sie sei beruflich in Uppsala, sagte sie, wegen ihrer Soschälattickls (social articles, wir sprachen englisch, da Dänisch und Schwedisch zwar fast identisch, Dänisch aber seiner kaum vorhandenen Aussprache wegen nur über Englisch kommunizierbar ist). Offenbar war sie eine sehr bekannte Journalistin, denn als sie ihren Namen nannte und ich darauf nicht anders reagierte als mit dem meinen, sah sie mich erstaunt aus ihren großen runden Kinderaugen an. Vielleicht hätte ich aber von *La Pasionaria* gehört? Ja, das hatte ich natürlich und nickte passioniert, wie es sich für jene einst so berühmte Barrikadenkämpferin aus dem Spanischen Bürgerkrieg geziemte, sah wieder jene brennenden schwarzen Augen vor mir, hörte wieder jene kreischend aufpeitschende Stimme – und schön war sie auch gewesen, Dolores Ibárruri, schwarz, zäh und stark. La Pasionaria.

Die weißhaarige Dänin mit dem rosigen Kinderantlitz war sichtlich befriedigt, daß mir La Pasionaria ein Begriff war und zeigte lächelnd auf sich selbst. Sie habe dieses Pseudonym eigentlich nicht selber erfunden, erklärte sie, es sei ursprünglich der Name einer spanischen Freiheitskämpferin gewesen, aber vieles sei ihnen gemeinsam. Sie selber schreibe ja, wie mir wohl gleichfalls bekannt (ich nickte schwach), ausnahmslos im Dienste sozialer Gerechtigkeit, für die Sache der Underpriviligätit und der Dischkrimminätit (dänisches Englisch), für Unterdrückte und Geächtete also. Ganze dreißig Jahre lang schreibe sie nun schon für die Underpriviligätit, jä. (Das »jä« war dänisch.)

O wenn sie nur ahnte. Neben ihr, auf einer Parkbank in Uppsala, saß, so wenigstens schien es ihm, der ungekrönte König der Underpriviligätit. Er hatte soeben seine allabendliche Runde um den Uppsalaer Stadtpark gemacht, am Fyris-Fluß entlang, hatte sich wie gewöhnlich überlegt, ob er sich ganz diskret in dieses kleine Flüßchen hinablassen solle, es war gerade tief genug, er selber war ja nicht so groß, oder – das eben war die andere Alternative – ob er wirklich am nächsten Morgen wieder zurückgehen solle zu seiner jetzigen Plackerei als Tabellenkorrektor, zu einer Arbeit ohne Hoffnung. Wie immer war diese Überlegung anstrengend gewesen, und wie immer, bis auf ausgesprochen regnerische Tage, hatte er sich abschließend auf diese Parkbank gesetzt.

Leise, andeutungsweise nur, beiläufig fast und spielerisch, nach Art eines Chopin-Impromptus etwa, schlug er die ersten zarten Akkorde seiner J-Jeremiade für die dänische La Pasionaria an.

Sie nickte voller Mitgefühl, sie verstand. Täglich und stündlich, sagte sie, erfahre man ein solches Schicksal am eigenen Leib als Frau. The Wiekasechs (the weaker sex, das schwache Geschlecht) sei ja noch heute ganz ebenso underpriviligätit und dischkrimminätit wie etwa rassisch Verfolgte damals. Jä, sie verstehe das recht gut.

Dem wollte der König der Underpriviligätit nicht widersprechen, hatte aber dennoch ein starkes Bedürfnis, seine eigene, sozusagen unveräußerlich persönliche Unterprivilegierung gegenüber der Frauenschaft der Welt im allgemeinen und dieser dänisch runden Menschenrechtlerin im besonderen zu behaupten. Männliche Eitelkeit vielleicht. Er schlug infolgedessen die stärkeren und bündigeren Akkorde seiner J-Geschichte an, schaltete gleichsam ohne Übergang von Chopin auf Rachmaninow um.

Sie öffnete eine Tüte, entnahm ihr Brotkrumen, streute diese behutsam vor einen Spatzen auf der Parkbank und hörte offenbar nicht zu. Nur einmal schien sie wieder ein schwaches, fast beleidigtes »jä, jä« zu sagen, als sei das alles schon lange her, nicht mehr ganz wahr oder jedenfalls für ihre Zeitung nicht mehr aktuell, und beugte sich liebevoll zu dem Spatzen hinunter.

Der König der Ungekrönten ging in sich: Waren Auschwitz, Buchenwald und Hitlerterror am Ende nichts anderes als sein privates Steckenpferd, ein Spleen, eine Marotte, und jene »intellektuelle Vergasung« seiner eigenen Person (so nämlich hatte er sich soeben ausgedrückt) eine ebenso kokette wie antiquierte Pose? Er schwieg. Auch sie tat das. Der Spatz pickte.

Plötzlich aber, wie ein Blitz aus heiterem Himmel, wurde unser König ungehalten. Er schob sich brüsk an die dänische La Pasionaria heran, fletschte die Zähne, wies auf eine seit vorgestern infolge grob fahrlässiger Kommunalzahnbehandlung klaffende Lücke im Vordergebiß und schrie so laut, wie es seine unvorteilhaft offene Mundstellung bei vier fehlenden Vorderzähnen anatomisch überhaupt noch zuließ: »Ausgeschlagen! *Buchenwald!*«

Sie sah traurig dem Spatzen nach, der erschreckt weggeflogen war, knetete unschlüssig an ihren Brotkrumen weiter und würdigte den zahnlosen König keines Blickes. Dieser konnte jetzt ihr Profil studieren.

Wie subjektiv doch alle Eindrücke sind. Dieses mütterlich weiche, weißhaarig runde Kindergesicht, hart wie Granit erschien es jetzt. Dieses steinharte, unbewegliche, unerbittliche Stierbullengesicht. Dieser sture, stählerne Parkbankblockbolzenkopf. Nicht einmal einschlagen konnte man ihn, so hart war er. Nicht einmal mit einem tausendpfündigen Eisenhammer, auch mit einem hunderttausendpfündigen nicht. Und Beißen, einfach Beißen, das hätte ja auch keinen Sinn, zumal ohne Vorderzähne.

Dann erhob sie sich und sagte, sie müsse leider gehen, sie habe noch einen längeren Artikel über den Niegrauschuh fertigzustellen. Sie streckte eine weiche Babyhand zum Abschied aus, schwebte in duftig weißem Kleid an den Fliederbüschen des Parks entlang in die Ferne, hielt dann und wann gedankenvoll inne, als dächte sie über ihren Artikel nach, über ihren Niegrauschuh, was das auch immer sein mochte.

Niegrauschuh – ach so! Negro issue, Negerfrage.

Schlecht geblökt, Löwe!

Äsop erzählt, wenn ich einmal fabulieren darf, folgende Fabel: Ein Löwe, der alt und anfällig geworden war, konnte nicht mehr recht brüllen. Er beschloß deshalb, zu den Lämmern zu gehen, um von ihnen das Blöken zu erlernen, denn dies deuchte ihm eine viel leichtere Sache. Aber die Lämmer mieden ihn, wie sanft er sich ihnen auch nahte, und als er darauf versuchte, ihr Geblöke aus der Ferne nachzuahmen, verlachten sie ihn, denn er blökte sehr schlecht. Als dann der Jäger kam, verkroch sich der alte Löwe hinter ein dichtes Gebüsch, um seine Farbe zu verbergen, und blökte so gut er eben konnte. Aber der Jäger glaubte seinem Blöken nicht, legte an und zog mit des Löwen Fell von dannen.

Was »Crazy Cards« sind, war mir unbekannt, bis ich vor kurzem ein Stellenangebot in einer Stockholmer Zeitung las. Man suchte einen fremdsprachenkundigen Redakteur, der amerikanische Ulk-Ansichtskarten, lustig betextete Pin-up-Girls, dicke Onkels in Badeanzügen, Mickymäuse, komische Nachttöpfe und dergleichen, Crazy Cards also, für den schwedischen Markt auszuwählen und für den lokalen Humor neu zu betexten hatte. Diese Tätigkeit, sagte die Anzeige, erfordere Kenntnis der englischen Sprache, vor allem aber ein sicheres Gefühl für den Geschmack des *stora publiken,* des breiten Publikums.

Dies waren Eigenschaften, die ich zu besitzen glaubte, ja eigentlich bisher als allzu geringfügig verachtet hatte, und da die annoncierende Firma recht solide wirkte – sie gehörte zu einem Verlagskonzern, dessen Gründer einst einen August Strindberg und eine Selma Lagerlöf entdeckt hatte –, bewarb ich mich als Redakteur für die Crazy Cards. Ich stellte bescheidenste Gehaltsansprüche, fügte meinem Gesuch allerbeste Zeugnisse früherer, überaus zufrieden abschiedslächelnder Arbeitgeber sowie einen Stoß von Arbeitsproben bei (von meinem Doktorgrad erwähnte ich vorsichtshalber nichts) und hielt meinen Sieg für gesichert. Zwar mochten die Crazy Cards ein wenig unter meiner Würde sein, aber was zum Donnerwetter war denn die Würde eines Druckereikorrektors in Uppsala, dem man als einem Ausländer nur Tabellen, nicht einmal Text und »Sprache« anvertrauen wollte. Und was das lustige Betexten von Nachttöpfen betraf, so dachte ich mir schon jetzt beim Einschlafen so nette Dinge aus, daß ich anschließend träumte, man habe mich bei dem Verlag August Strindbergs und Selma Lagerlöfs zum Abteilungsleiter ernannt.

Seit dem Tag nun, an dem meine Zeugnisse und Arbeitsproben mit der Mitteilung zurückkamen, der Platz sei anderweitig besetzt worden, kann ich auf meinem täglichen Weg zu meinem Korrektorpult das Auge nicht mehr von einem Kiosk an meiner Bushaltestelle abwenden, der neben handelsüblicher Pornographie aller Art in einem separaten Schaukasten die neuesten, etwa alle acht Tage wechselnden Crazy Cards meiner ehemaligen Zukunftsfirma ausstellt, also das Werk meines glücklicheren Mitbewerbers. Von diesem nun lerne ich sehr viel, und zwar wie folgt:

Des Morgens, wenn ich an jenem Schaukasten vorbeikomme, sehe ich mir die Bilder auf den Crazy Cards genauestens an, nicht aber die von meinem erfolgreicheren Kollegen daruntergesetzten Texte; denn über diese denke ich dann den ganzen Tag lang über meinen Tabellen-Korrekturfahnen sehr eingehend nach, und zwar im Sinne des *stora publiken,* des großen und breiten Publikumsgeschmackes, wie einstmals in der Stellenanzeige verlangt – ganz zynisch also denke ich mir saftig populäre Sprüchlein aus, unter völliger Hintansetzung des eigenen Niveaus (soweit überhaupt noch feststellbar), frech, kaltschnäuzig, geschäftstüchtig und – wenn ich diese nunmehr wohl etwas antiquierte Phrase hier der Klarheit halber einmal benutzen darf – so dreckig jüdisch wie nur irgend möglich. Des Abends dann, auf dem Nachhauseweg, mache ich wieder vor dem Schaukasten halt und vergleiche klopfenden Herzens meine eigenen Crazy-Card-Texte mit denen meines erfolgreicheren Kollegen.

Darf ich nun nach dieser wochenlangen Selbstprüfung jenem Kollegen dort drinnen im Schaukasten – vermutlich ein junger Schwede mit recht netter Intelligenzquote, gerade abgeschlossener Werbebüroausbildung und schmuck gestutztem Bart im blauäugigen Milch-der-frommen-Denkungsart-Gesicht – darf ich diesem Kollegen ein sehr ernstgemeintes Kompliment machen:

Ihre Texte, junger Mann, sind den meinen himmelhoch überlegen, und zwar stets. (Nur ein einziges Mal trug ich vielleicht einen knappen Punktsieg davon – das Äffchen mit der Kaffeemütze, na Sie wissen schon –, aber vielleicht waren Sie da gerade auf Urlaub, es war Ende Juni.) Nein, unsere Erzeugnisse sind ganz einfach nicht in einem Atem zu nennen, selbst der gefühlsroheste Zuschauer hätte sich bei unserem wochenlangen Match vor dem Schaukasten am Bushalteplatz die Schläge nicht länger mit ansehen können, mit denen Sie mich immer wieder zu Boden streckten. Meine Nachttopftexte zum Beispiel, meine kläglichen. Diese tatterigen, witzelnd verkalkten Nachttopftexte eines abgedankten Zentraleuropäers. Es ist unglaublich, mit welcher Jugendkraft und Souveränität, mit welch nachtwandlerischer Sicherheit Sie den Rindviehgeschmack des großen und breiten Publikums erfassen – fast als seien Sie selber ein Rindvieh oder eben auch ein gottbegnadetes Genie, es ist ja Jacke wie Hose, gekonnt ist gekonnt, ich kann nur gratulieren und mich verkriechen.

Ganz besonders aber ist dem Verlag August Strindbergs und Selma Lagerlöfs zu gratulieren, der mein damaliges Stellengesuch mit so sicherer Hand abwies. Auch hier wieder dieser nachtwandlerisch untrügliche, gottbegnadet geniale oder auch (es ist ja Jacke wie Hose) rindviehstupide Riecher für jenes echte Blöken eines echten Schafes, von dem bereits in unserer eingangs erwähnten Fabel die Rede war, in welcher ein alter, todgeweihter Löwe – genug, ich gratuliere.

J'accuse

Daß das BEG oder Bundesergänzungsgesetz zur Entschädigung für Opfer der nationalsozialistischen Verfolgung zwar beispielsweise für den Raub von Braunschweiger Würsten aus einem zur fraglichen Zeit nichtarischen Laden volle Entschädigung leistet, nicht aber für den Raub der Sprache eines angehenden, ins fremdsprachliche Ausland vertriebenen Schriftstellers, ist leicht einzusehen. Denn Sprache läßt sich rein juristisch ebensowenig rauben wie etwa Luft: Beide sind zwar lebenswichtig, aber kein Gegenstand des Eigentumsrechts und daher rein juristisch wertlos. Wäre diesem angehenden Schriftsteller damals die Zunge abgeschnitten worden oder auch nur das männliche Glied, oder wären seine literarischen Arbeiten nicht nur dann und wann, sondern am laufenden Band veröffentlicht worden, dann ließe sich das Gesetz vielleicht noch zu seinen Gunsten beugen. So aber, als ein damals wie heute beruflich vollkommen unfertiger Mensch, könnte man ihm allenfalls einen kleinen Beitrag zu seiner Ausbildung bewilligen, etwa zu nachträglichen handwerklichen Umschulungskursen. Aber sein Anspruch auf Entschädigung für Schaden im »beruflichen Fortkommen«, und dies noch dazu auf Grund des Verlustes seiner *Sprache,* ist ganz einfach aus der Luft gegriffen.

Daß ich diesen Anspruch dennoch in der ersten Instanz, vor dem Landgericht Berlin am 2. März 1964, restlos gegen den Beklagten, eine juristische Person namens Berlin, durchsetzte, kann nur damit zusammenhängen, daß die dreiköpfige Kammer des Gerichts zufällig eine weibliche Majorität hatte, und zwar als Vorsitzenden eine ältere Landgerichtsrätin, die mich warm und mütterlich ansah, und weiter als einen der zwei beisitzenden Richter eine sehr süße junge Gerichtsassessorin, die *ich* ansah und die meine Blicke mit ihren weichen, dunkelbraunen Sammetaugen zu beantworten schien. Kein Wunder: Wir waren ja gleichen Alters – mein deutschsprachiges Alter ist trotz meiner grauen Haare immer noch Anfang zwanzig – und beide hatten wir Jura studiert, in unserer deutschen Vaterstadt Berlin.

Deshalb wohl auch die andächtige Stille, als ich kurz vor der Urteilsverkündung, zu dem Beklagten namens Berlin gewandt, das Wort ergriff – nach dreißigjähriger Sprachverkrüppelung in der Fremde das *Wort*, mein deutsches Wort, *ergriff*, meine geraubte Sprache, *hier*, zum ersten Male wieder *hier*, vor den Dächern und Türmen meiner Stadt Berlin, und dann unter Tränen verstummte.

Auf Frauen, insbesondre mehr juristisch als literarisch gebildete, machen derlei Knalleffekte einen ebenso echten und tiefen Eindruck wie auf einen literarisch und, wie gesagt, sprachlich so unterentwickelten Menschen wie mich selber. Berlin wurde verurteilt, ich siegte.

Das Kammergericht jedoch – Berlin legte Berufung ein – bestand als höhere Instanz aus einer rein männlichen Richterbank. Zwar befand sich wiederum eine außerordentlich attraktive Frau oben auf dem Podium neben den Richtern, fast noch attraktiver, auf jeden Fall erotisch ausgeprägter als die samtäugige Gerichtsassessorin des Vorgerichts, aber diese war Justizangestellte, also Tippfräulein, und sah nicht mich, sondern unablässig und sehr feucht einen der drei Richter an, einen schneidigen Kammergerichtsrat mit – gibt es das denn noch? – mit Schmissen. Er war sehr jung, ich fühlte mich plötzlich sehr alt.

Der Ausgang war gegeben. Berlin siegte, ich unterlag. Das Urteil war eindeutig, seine Begründung klar und scharf. Schaden im beruflichen Fortkommen? Nee nee, schien die Begründung zu sagen (wenn auch juristischer), nee nee, wir lassen uns nicht von so einem kleinen Schmarotzer begaunern.

Das Urteil regte den kleinen Schmarotzer sehr auf, und so machte er sich denn mit seinem noch kleineren, noch älteren, schon fast achtzigjährigen, buckeligen und infolge einer Verletzung im ersten Weltkrieg (Eisernes Kreuz) rechtsseitig gelähmten Männlein, einem jüdischen Anwalt, weiter zum höchsten und letzten Gericht auf, dem Bundesgerichtshof zu Karlsruhe. Dieser bestätigte das Urteil. Berlin hatte gesiegt, ein Schaden im beruflichen Fortkommen lag nicht vor.

Warum nun auch dieses Urteil des höchsten Gerichts der Bundesrepublik jenen kleinen Schmarotzer aufregte, ist angesichts der klaren juristischen Sachlage sicher für manche Leute schwer zu verstehen. Es handelte sich in diesem Urteil doch schließlich nicht um einen neuen Fall Dreyfus, ganz zu schweigen von einem Verbrechen, das dem der Nationalsozialisten gleichzustellen wäre. Es handelte und handelt sich doch lediglich darum, daß der Besitz der Sprache und damit: Zugehörigkeit, Arbeit, Leben eines verjagten deutschen Intellektuellen nach dem Spruch des Bundesgerichtshof zu Karlsruhe ein Scheißdreck ist.

Was trägt?

1970–79

Der Giftring

»Nee, Freundchen, Gift gibt's nicht.«

Zwei stramme, etwa zwanzigjährige Nationalsozialisten in Uniform holten den kleinen Professor Siegfried Ützinger um fünf Uhr morgens in seiner bescheidenen, etwas altmodischen Zweizimmerwohnung im Berliner Hansaviertel ab. Professor Ützinger war Numismatiker, Münzenforscher, etwa siebzig Jahre alt, sehr kurzsichtig (sein Kneifer saß unsicher und wackelte jetzt), Witwer und getaufter Jude. Er trug einen Ring, der mit einer karolingischen Münze verziert war. Dieser Ring war es, den die zwei jungen Männer von seinem etwas rheumatisch verknöcherten, jetzt krampfhaft widerstrebenden Mittelfinger zerrten, da dieser Ring offenbar ein Giftring war.

»Nee, Freundchen, Gift gibt's nicht.«

Unten vor der Haustür mit den zwei Stuck-Karyatiden rechts und links sprang der Motor des Viehwagens wie gewöhnlich an.

Lieber Lansburgh,
wie sehr ich mich gefreut habe, nach so vielen Jahren wieder von Dir zu hören, und noch dazu aus dem schönen Schweden! Auch freute es mich zu hören, daß es Dir gesundheitlich gut geht. Du schreibst vom Altern – ja, mir geht es ähnlich, habe z. Z. sage und schreibe vierzig Aufsichtsratsposten als kleine Nebenbeschäftigung zu versorgen, das spürt man in den Knochen.

Es tut mir leid, daß Du Dich beruflich »lebendig begraben« fühlst, bei Deinem Schaffensdrang. Aber als alter Freund muß ich Deine Anfrage nach Arbeitsmöglichkeiten in der

Bundesrepublik offen und ehrlich dahin beantworten, daß es hier kaum anders wäre, man will jetzt überall Jüngere haben, auch in meinem Betrieb. Ist denn Dein dortiges Leben und Deine Arbeit als »Druckfehlerkuli« wirklich so trostlos, daß Du, wie Du schreibst, mit dem Gedanken umgehst, »den Giftring zu öffnen«?

Nee, Freundchen, Gift gibt's nicht! Sieh mal, wir sind als alte Berliner hier in Düsseldorf genauso im Exil wie Du. Also mach es wie wir und freu Dich statt dessen der schönen Frühlingssonne – ich hoffe, Du hast jetzt auch so schönes Wetter wie wir (gestern allerdings den ganzen Tag lang Regen). Und besuche uns einmal, bring gerne ein paar Freunde mit, wir haben einen idyllischen Bungalow nur mit Gastzimmern, fast alle übrigens mit schwedischen Möbeln, direkt am Wasser.

Herzlichst Dein alter

Edda Obermüller

(von Generaldirektor Ganschwitz
vor Urlaub diktiert)

Sehr geehrter Herr Schröder

Endlich, nach vier hoffnungsvollen Monaten, der fieberhaft erwartete Bescheid Ihres Verlages, die Antwort auf meine Erzählungen aus dem Exil.

Daß Ihre Entscheidung abschlägig ist, sollte eigentlich nicht wundernehmen, da ja dieses Buch die Tragödie (wenn ich einmal diesen anspruchsvollen Ausdruck gebrauchen darf), die Tragödie des im Exil zu Stummheit und Impotenz verurteilten Intellektuellen zum Thema hat, also auch seinerseits ein wenig stumm und impotent ausgefallen sein mag. Aber es bedurfte des Urteils eines führenden Verlages wie des Ihren, mir dies klarzumachen – dies: Wer gerichtet ist, der ist gerichtet, auch wenn er ein Buch darüber schreibt.

Darf ich Ihnen dennoch einige Ratschläge geben? Selbst wo nun dieses Buch vermutlich nie gedruckt und somit dieser Brief von niemandem, auch von Ihnen nicht, gelesen wird?

Zunächst einmal: Schreiben Sie doch bitte nicht *Die Entscheidung ist eine Ablehnung,* wie das in Ihrem Brief steht. So etwas klingt fast nach Vergasung, Leute wie ich sind nun einmal geradezu krankhaft überempfindlich. Schreiben Sie lieber »Die Entscheidung ist leider negativ ausgefallen«, das klingt versöhnlicher. Oder, falls Sie kein Freund von Fremdwörtern wie »negativ« sind (westeuropäische Kulturwörter sind ja Fremdwörter im Deutschen), dann vielleicht besser *Absage* statt *Ablehnung* oder was Ihnen sonst noch Schönes einfällt, Ihr Deutsch scheint ja im übrigen sehr füllig zu sein, ich beneide Sie direkt, wie Sie da auf einer ganzen, engzeilig volldiktierten Seite geradezu schwelgen und sich tummeln in Ihrem Element, in Ihrem Deutsch, in Ihrem Deutschland. Was sich dann unsereiner aus einer Entfernung von über dreißig Lichtjahren mit ansehen muß, mit dem Großen Duden in der Hand, drei oder vier Kindheitsgerüchen, einem alten Brieföffner noch aus Berlin, und einer einzigen, großen, offenen und wie gesagt krankhaft überempfindlich klaffenden Wunde.

Also *Absage* bitte, nicht *Ablehnung,* nehmen Sie diesen Rat eines alternden deutschen Flüchtlings entgegen. Sie sind ja noch ein junger Mann, ich ersehe das aus Ihrer wohl noch nicht ganz ausgeschriebenen Kugelschreiberunterschrift und übrigens auch aus Ihrem netten, strammen, nordisch-schwedisch-arischen Vornamen Bengt, war sehr beliebt damals zur Nazizeit. Na, nichts für ungut, Sie können ja weiß Gott nichts dafür, daß Sie das Licht der Heimat zu einer Zeit erblickten, als ich die meine verlor. Auch können Sie nichts dafür, daß Sie in dieser Heimat nun heute – darf ich's sagen? – meinen Platz einnehmen, MEINEN, und sich nicht einmal ein Gewissen daraus machen. Nein, Sie können nichts dafür. Aber ich kann ebenfalls nichts dafür. Deshalb also bitte *Absage,* nicht *Ablehnung,* merken Sie sich das.

Noch eines: Bitte ein solchermaßen abgelehntes Manuskript, das Ihnen ordnungsgemäß per Einschreiben zugesandt war, nicht einfach mit einem blauen Stempel, »Drucksache«, zurückzusenden. Das Buch ist arg ramponiert hier angekommen, nicht nur der Umschlag ist zerstört. Wissen Sie, ich muß da an Transporte denken, wo man Leute wie mich mit eingebrannten Stempeln in Viehwagen zur Vergasung schickte – damals den Menschen, heute das Buch. Aber Sie haben recht, ich sollte das feierliche Wort »Buch« nicht für mein Geschreibsel in Anspruch nehmen, wo jene Gestempelten von damals nicht einmal mehr daran glauben konnten, Menschen zu sein.

Indem ich Sie nochmals um Verständnis für eine krankhafte, wenn auch geschichtsbedingte Überempfindlichkeit bitten darf, drittens und letztens dies: Wollen Sie bitte Ihrer Packabteilung (quer überm Lichthof, wo Ihr roter Sportwagen steht), wollen Sie bitte dieser Packabteilung ausrichten, abgelehnte Manuskripte dieser Art nicht in überzählige Druckbogen Ihres Verlages einzuschlagen, deren Autor als deutscher Flüchtling hier, in Schweden, selbstermordet wurde. Ich meine Kurt Tucholsky und lese auf dem Packpapier Ihres Verlages: »414.–433. Tausend.« Natürlich können Sie nichts dafür, ich sehe das ein, es ist reiner Zufall, Sie können nichts dafür, gar nichts.

Auch für Ihre Unterschrift nicht. Immer wieder muß ich sie betrachten, dieses geblähte B in »Bengt«, dieses schwellende S in »Schröder«. Sie haben eine hübsche Sekretärin, junger Mann. Die ist mit dem getippten Brief, Ihrem Ablehnungsbrief an mich, hereingekommen, steht nun neben Ihnen, wartet, Sie unterzeichnen, Sie blähen Ihr B, Ihr S vor ihr, denn sie ist schön, die Jutta, sieht Sie bewundernd an, der rote Sportwagen ist für zwei, das läßt den Schlußstrich Ihrer Signatur noch steifer schwellen, so, der Brief an mich ist fertig, Sie zeigen auf mein Manuskript, lächeln Jutta an, sagen »Drucksache«, zucken die Achseln, sagen »armer Schlucker« –

SCHWEIGE!

Denn siehe, ein Wunder ist geschehen. Die Glocke, die geborstene, getilgte, abgelehnte, dröhnt. Und tief im dunklen Graben, wo die Würmer schwelgen und sich tummeln im Leichenfett, in ihrem Element, in ihrem Dreck, in Ihrem Deutsch, da liegt ein Mann
Ein Mann des Wortes
Mit starrem Mund
Zerfressenem Gehirn
Und spricht.

Absender Nilsson

Erlauben Sie mich, Ihnen hier ein Manuscriptum »Erzaehlungen aus das Exil« ueberzusenden, welches mir von die Zurueckgeblibenen des vor drei und eine halbe Woche tragisk verblichenem Verfasser uebergegeben wurde. Er war ein maechtig gute Kollege von mich und seine Zurueckgeblibenen kann leider noch weniger Deutsch an Sie schreiben.

Ich meine nicht Sie sollen seinen Eigenmord als Publicity schaechten. Aber er hat es doch mit die verlohrne Sprache sehr ernst, was Sie aus dem Buch sehen, und da gehoert das wohl mit zu wo er nun schweigt als einzige Sprache.

Mitteilen Sie gefaelligst, ob Sie das Manuscriptum veroeffentlichten wollen.

Hochachtungsvoll

Bertil Nilsson

Auch dies half nichts: Auch der Strick würde also nichts helfen: Der achtundzwanzigste deutsche Verleger hatte das Manuskript zurückgeschickt.

O wäre
Schnee
Brot
Vogel
Deine Bleibe

Or
Snow
Bread
Bird

O wärest du
Daheim
In einem
Einem
Wort

Auch Baum nicht, Strauch nicht

Wir blickten auf die eine Kerze, die auf dem Weihnachtsbäumchen flackerte, wie eine Votivkerze schien sie uns. »Für die Universität Berlin«, sagte ich, er nickte. Wir besaßen nur diese eine Kerze, es war Weltkrieg, auch in Schweden waren Kerzen rationiert, Olof und ich hatten sie gemeinsam erstanden.

Olof war ein junger Schwede, angehender Germanist. Unter den Gelegenheitsarbeiten, mit denen ich mich in jenem Hitlerwinter über Wasser hielt, war seine Doktorarbeit aufgetaucht, über Clemens von Brentano, und diese war nun von mir ins Deutsche zu übersetzen. Des Knaben Wunderhorn, Bettina, Achim von Arnim – alte, einst zutiefst vertraute Dinge tauchten nach all den langen Jahren aus dem Grabe des Vergessens wieder in Uppsala auf, drangen übermächtig auf mich ein, trotz Krieg, trotz Hitler, trotz der Fremde war nichts mehr um mich als der Atem jener lichten Zeit – als hätte ich plötzlich einen Schlaganfall bekommen, als sei alles andere von mir abgefallen, als seien es nur zwei Schritte zu meinem Büchertischchen, Universität Berlin, wo neben dem Bürgerlichen Gesetzbuch, heimlich fast, mein Kleist, mein Büchner . . .

Brüderlich arbeiteten wir Tag und Nacht, der junge Doktorand und ich, es war große Eile, arbeiteten sogar an jenem Heiligen Abend, an dem die eine Kerze für die eine Heimat brannte. Gute, enge Freunde waren wir geworden, »Kommilitonen« (das Wort tat wohl), die Arbeit hatte uns zusammengeschmiedet. Auch hatte das Deutsch sehr gut zu sein, das Thema der Arbeit war ja schließlich literarisch und außerdem so speziell, daß ein sachkundiger Beurteiler in Schweden nicht zu finden war und die Fakultät eine Autorität aus Deutschland kommen lassen mußte.

Diese Autorität aus Deutschland war ein Professor der Universität Berlin. Er hieß Kaltenblunck oder so ähnlich, seinen genauen Namen habe ich nie erfahren, denn in Berlin hatte ich damals nicht von ihm gehört, er war wohl mit Hitler gekommen, und auch in Uppsala traf ich ihn nicht: Bei dem großen Promotionsbankett, das mein Freund, der Doktorand, nach schwedischer Sitte für über hundert Gäste gab, mit dem deutschen Professor als Ehrengast, war ich nicht zugegen, da mich mein Freund nicht eingeladen hatte. (Man paßte ja nicht ganz, es war wie gesagt zur Hitlerzeit.)

Dann sah ich meinen Freund sehr lange nicht mehr, nur in Zeitungen stieß ich immer wieder auf sein Bild, das von Jahr zu Jahr größer wurde, über immer prominenteren Titeln: Dozent, Professor, Dekan, Rektor, Präsident von dem und dem. Dann, nach Jahrzehnten, rief er plötzlich bei mir an, es war spätabends, ich war im Schlafanzug. (Man muß ja früh ins Bett, wenn man um sechs Uhr morgens wieder aufzustehen hat, für einen Tabellenkorrektor gilt Fabrikzeit, nicht Bürozeit.) Ein vager Hoffnungsschimmer durchfuhr mich, als ich seine Stimme hörte, kaum wagte ich, es auszudenken: Unter den vielen, seit Wochen und Monaten erfolglos gesuchten Arbeitsplätzen hatte ich vorgestern auch auf eine Stellenanzeige des »Schwedischen Instituts«, einer Art Goethe-Institut, geantwortet, eine wirklich schöne Arbeit – sollte dies der Grund des Anrufs sein, sollte jener Mann vielleicht in seiner Eigenschaft als Präsident . . .

Es sei sehr eilig, sagte er am Telefon. Ob ich ein paar Seiten ganz schnell einmal ins Deutsche übersetzen könne, er habe Ende der Woche eine Gastvorlesung an der Universität Berlin zu halten, »an der *freien* Universität natürlich, nicht deiner alten«, erläuterte er und fragte, ob ich noch am Apparat sei. Es handele sich bei dieser Gastvorlesung um deutsche Exilliteratur in Schweden, »so'n bißchen Tucholsky und Nelly Sachs, du weißt«, im Rahmen irgendeiner Tagung, »Bewältigung der Vergangenheit und so«, ziemlich feierliche Angelegenheit, der PEN-Club sei auch dabei und die Akademie für Sprache und Dichtung oder wie die nun heiße, ob ich mir nicht gleich ein Taxi nehmen könne, auf seine Kosten natürlich, »sind ja nur ein paar Seiten, recht allgemein das Ganze, und wirklich leicht zu übersetzen«, ich könne das doch in ein paar Stunden schaffen?

Ich antwortete nicht, stand lediglich in einem Schlafanzug an einem Telefon, der Schlafanzug hatte blaugraue Streifen, zwei Knöpfe fehlten, der Professor rief Hallo Hallo, ich antwortete nicht, wieder rief der Professor Hallo Hallo, ich hörte mich mit fremder Stimme etwas von einem Schlaganfall sagen, von einem Gehirnschlag vorgestern, hätte seitdem mein Deutsch vergessen, *borta,* futsch, könne folglich nicht mehr übersetzen, leider, schrie LEI-DER, hängte ein, riß das Telefon aus der Wand, trampelte auf dem wehrlosen Fernsprechapparat herum, als enthalte er vierzig ebenso wehrlose Flüchtlingsjahre, Arbeit hatte man gesucht, nur Arbeit, mehr wollte man ja nicht, auch an PEN hatte man geschrieben und an diese Akademie, nein aber nein, Schuster, bleib bei deinem Leisten, Flüchtling, bleib bei deiner Flucht, Tabellenkorrektor, in Uppsala, auf immerdar, auf ewig, ein paar Seiten leicht zu übersetzen, Exilliteratur, Tucholsky –

– stampfte auf dem Apparat herum, schwarze taube Kunststoffsplitter schnitten in taube blöde nacktverfluchte Füße, suchte nach Worten, fand keine Worte, kein einziges Wort, kein einziges deutsches Wort, die Augen flimmerten blind, die Knie zitterten, ein Schlaganfall, ein Gehirnschlag, Muttersprache verloren, nichts mehr beim Namen nennen können, bei irgendeinem deutschen Namen, auch Baum nicht, Strauch nicht, Blume, Wolke, riß die Tür auf, stürzte auf die Straße, stammelte zerfetzte Laute in die Nacht, welche Laute denn, welche denn Laute, schrie in den strömenden Regen, hielt mich fest am bleischwer regenschlotternden Schlafanzug, schrie, welche Laute denn, welche denn Sprache, schrie, bis mich zwei Nachtpolizisten am Arme packten, mich schüttelten und schließlich, als nichts andres half, mit einem Knebel zum Schweigen brachten.

Siehe, ich flehe um Arbeit,
Aber der Herr
Höret mich nicht.

Denn der Herr,
Der nicht ist,
Ist gerecht.

Er gibt,
Was Gebete gewähren:
Demut und Milde.

Und geißelt den Eiferer,
Bis sein Gebet
Geheul.

Charon

Rauschgifte lassen sich zu enormen Preisen im Dunkeln kaufen, sonst wären wohl die Zeitungen nicht so voll davon. Dagegen hört man nichts von einem Schwarzhandel mit tödlichen Giften, etwa mit Zyankalium, mit dem sich seinerzeit zum Beispiel ein Himmler und ein Göring so schnell das Leben hatten nehmen können. Offenbar läßt sich so etwas auch im dunkelsten Dunkel nicht erwerben, auch zu höchsten Wucherpreisen nicht. Besteht denn keine Nachfrage? Das kann nicht sein. Man soll sich doch nicht einbilden, man stehe mit seinem Schicksal allein: Tausende und Abertausende haben kein leichteres, ja ein schwereres, müssen also gleichfalls den Wunsch haben, ihren Kindern den Anblick eines blauviolett am Strick hängenden Vaters zu ersparen oder ihre Frau damit zu verschonen, eine aufgeschwommene Wasserleiche oder die einzelnen Bestandteile eines D-Zug-Zerstückelten identifizieren zu müssen.

Und dennoch keine Nachfrage? Was macht man denn, was nimmt man in solchen Fällen? Wenn man sich in Schweden über eine Abtreibung beraten lassen kann, warum nicht hierüber? Oder sind vielleicht die gewöhnlichen Narkotika des Schmuggelhandels hinreichend tödlich, wenn in großen Mengen eingenommen? Gudrun! 13 87 44, hier stand sie ja immer noch im Stockholmer Telefonbuch, »Oberschulrätin« jetzt, Karriere gemacht, vor über zwanzig Jahren hatte man einmal mit ihr geschlafen – nur einmal, sie fand mich nicht avanciert genug, und auch für ihr Kokain war ich ihr zu spießbürgerlich gewesen – würde sie mir jetzt eine neue Geschmacksrichtung glauben?

13 87 44. Ja, sie erinnere sich noch sehr lebhaft, sagte sie mit gepolsterter Oberschulrätinnenstimme und kicherte dann hell auf, es sei damals herrlich gewesen (vielleicht verwechselte sie mich). Landsberg heiße er, Julius Landsberg oder Landsberger, der das »Kopfschmerzenpülverchen« ver-

mittele, stehe im Telefonbuch, ich könnte mich ja mal an ihn wenden, *lycka till,* viel Glück.

Julius Landsberg war ein etwa sechzigjähriger, goldzähniger, nachlässig gekleideter kleiner Mann mit spärlich grauem Stoppelhaar, das um seine sommersprossige Glatze wie Unkraut um einen spiegelglatten Mikrobentümpel stand. Er wartete verabredungsgemäß in einem Vorstadtcafé außerhalb Stockholms, in einer jener neuerbauten Schlaf- oder Trabantenstädte, deren schmale Mietshochhäuser wie weiß versteinerte Zypressen einer Böcklinschen Toteninsel in den Himmel ragen. Er saß an einem Holztisch neben der Toilette, wo offenbar die Transaktion stattfinden sollte. Sein Schwedisch hatte einen unverkennbar deutschen oder mittelhochdeutschen (jiddischen?) Akzent, so verwildert und verwest dieser auch hinter der neuen Sprache des Exils dahinmoderte. Auf meine Frage, ob er vielleicht ebenfalls aus Berlin sei, antwortete er nicht, schien überhaupt jedem menschlichen Kontakt abhold, und als ich gleichsam als Entschuldigung für meine Frage die Ähnlichkeit unserer Nachnamen erwähnte, sog er wortlos an seinen Goldzähnen, als beseitige er lästige Speisereste aus längst vergangener Zeit, aus Polen vielleicht, blickte grauäugig vor sich hin, sah mich nicht an. So etwa mußte der Fährmann zur Unterwelt, Charon hieß er wohl, ausgesehen haben. Ob dieser Goldzähnige auch Griechisch gelernt hatte, in Lodz vielleicht? Kindisch, jetzt an so etwas zu denken. Man kam sich wie ein Tertianer vor. Als wolle man wieder den Schummelzettel von Hans borgen.

Als ich ihm mein Anliegen des näheren erklärte, schob er irritiert einen leeren Stuhl ruckartig von sich weg. Er händige grundsätzlich keine so großen Dosen aus, warf er weg (alles an ihm war wegwerfend); man habe, warf er weg, die schlechtesten Erfahrungen mit sogenannten Selbstmordkandidaten gemacht: Erst bettelten sie auf den Knien für ihr bißchen Ableben, und wenn sie dann das Zeug in der Tasche hätten, wachse ihnen plötzlich neuer Lebensmut – »geschenkte Gaul sieht man nicht im Maul« zitierte er auf deutsch; frech würden sie dann auch noch und stellten ihn als Wucherer hin. Na ja, nicht alle, warf er weg; manche seien auch wieder solche

Stümper, daß sie – er brach ungeduldig ab, wendete eine bleiche leberfleckige Hand: Wie dem auch sei, einmalige Käufer kämen nicht in Frage, grundsätzlich, und ich wolle doch nicht behaupten, mehr als ein einmaliger Käufer zu sein? Er schien zu lachen, zeigte jedenfalls ein paar Goldzähne, schien mich fast anzusehen. Dann erhob er sich, und als ich ihm in den Mantel half, wohl ein deutscher Pelzmantel aus den alten Tagen, warf er mürrisch murmelnd etwas davon weg, es gäbe ja Ärzte, Schlafmittel, man könne ja sammeln, *samla,* verstehnse (dies war deutsch, »verstehnse«, ohne Fragezeichen).

Welche Schlafmittel und welche Ärzte denn ungefähr in Frage kämen, fragte ich; aber er antwortete nicht mehr, war jetzt am Ausgang, ich hielt ihm die Tür auf, wollte mich verabschieden oder entschuldigen (die Schulmütze abnehmen – wieder dieses Tertianergefühl), aber er ging weiter, vornübergebeugt, als werfe er sich selber weg, oder als sei er irgendwie schon lange weggeworfen. Ich folgte zögernd in immer größerem Abstand, wartete wohl auch jetzt noch auf ein Abschiedszeichen, ein Nicken, einen Gruß, bis er um eine Ecke bog und verschwand.

Die Straße war leer, die Einwohner der Schlafstadt arbeiteten woanders. Die kommunalen Mietshochhäuser standen steil und unbewohnt, senkrechte Friedhöfe, totenstill. Nur ein Automat mit Süßigkeiten war ansprechbar, an dieser Mauer hier, wenn man nur bei all dem vielen, für teures Gift bestimmten Papiergeld eine kleine Münze bei sich hätte.

Milchschokolade. Sarotti.

Hast du einen Groschen, Hans? Du kriegst ihn bestimmt zurück, Ehrenwort, morgen früh schon vor der Deutschstunde. Hans, hast du einen Groschen? *Hans, hast du einen Groschen?*

Und ich gehe durch die Straßen,
jene Straßen meiner Fremde,
durch die nie ein Mensch gegangen,
keiner, den du jemals kanntest.

Und ich sehe Wald und Felder,
Wald und Felder meiner Fremde,
die noch nie ein Lied besungen,
keines, das uns je erwärmte.

Und ich spreche fremde Worte,
jene Worte meiner Fremde,
die noch nie ein Glück benannten,
keines, das wir je erträumten.

Und ich pflücke eine Blume,
eine Blume in der Fremde,
die ich einstmals dir gegeben,
als wir noch am Leben waren.

Was trägt?

– und saß immer noch auf der Bettkante. Sich anziehen. Schon der zehnte oder elfte oder zwölfte, schon der tionde, elfte, tolfte Autobus zur Arbeit – Arbeit! Das achtstündige, täglich, nun schon endlose Jahre lang, täglich achtstündige Ablesen von Tabellen an einem Korrektorpult – Arbeit! Anziehen. Finde dich in dein Schicksal! Schon der dreizehnte, vierzehnte Autobus zur Arbeit vorbeigerollt, mit seinem fertig angezogenen Fahrer sauber und arbeitsfroh am Steuerrad – finde dich in dein Schicksal! Das Korrektorpult steht leer, wohl schon den halben Vormittag, han är väl sjuk, er ist wohl krank (für wen übersetze ich?), han är väl sjuk, sagt jetzt wohl einer der Kollegen im Korrektursaal, der Wecker hat geläutet, vor Stunden, jetzt tickt er nur noch weiter, weiter nichts. Anziehen!

Sich mit Kleidern behängen. Ein Wrack behängen, das niemals seetüchtig war. Wertlos ist man gewesen, sein ganzes Leben lang, wertlos. Gerechte Strafe. Wir haben ja alle die härteste Strafe verdient, alle, steht ja schon in der Bibel, aber wenige fühlen ihn ganz, diesen Fluch, der auf uns allen lastet: sind eingebettet, die meisten, haben doch wenigstens so etwas wie Boden unter den Füßen (was trägt?), oder besser gesagt – besser für wen gesagt? – laufen auf Schienen, auf Schienen. Schwer ohne Schienen, mein liebes Jungchen – »mein liebes Jungchen«, Vater sagte das – schwer ohne Schienen. Eine Lokomotive, über den Stoppelacker, schienenlos fauchend über Stock und Stein, zwanzig, dreißig, vierzig Jahre lang im Zickzack, wie die Spielzeuglokomotive damals, Günther, mit den Rädern rasselnd in der Luft, und nun heißgelaufen, diese Lokomotive, erschöpft, verbraucht, steht still. Anschluß verpaßt.

Bin ich denn nicht fleißig gewesen, Vater?

Wieder ein Autobus vorbei.

Varför har man ej kunnat ansluta sig, warum hat man sich

nie richtig angeschlossen, warum zum Beispiel – »zum Beispiel«, für wen? – warum nie schwedisch zu sich gesprochen. Zu spät jetzt. En svensk ängsmark, eine schwedische Wiese, zu sich sprechen lassen wie einst die deutsche, oder die Kommunalwahlen hier, oder auch blomma Blume, snö Schnee, blyertspenna Bleistift. För sent, zu spät, zu spät für Zugehörigkeit – für Liebe, die kommt von ganz klein auf, von Lernen Wissen Fühlen: trägt alles nicht mehr. Luftwurzeln nur, en ga gie ren sich nicht mehr, in keinem Erdreich mehr, wohl auch in Tyksland nicht, in Deutschland nicht, wie denn in Schweden oder auf dem Mond. Rübezahl. Frau Holle, schüttelt die Betten. Der Sandmann kommt. Hört ihr Herrn und laßt euch sagen unsre Glock hat – Klä på sig Anziehen. Strumpor Strümpfe. Nach Deutschland gehen? Zu spät. Nur Stoppelfelder und Gräben, Furchen, Steine, Gräben, Gräben, keine Schienen, mein Jungchen, det går runt och runt och runt, »es geht rund und rund und rund« (deutsch? sagt man so? – ich meine rund und rund im Kopf herum – meine für wen?) *was trägt?* Auf dem Meere wandeln, auch das Meer kann tragen: Glaube!

Liebe! Charity! Caritas. Kärlek. Wie wertlos, wie wertlos man doch ist. Wie wehleidig. Das Leben ist zu ernst zum Klagen. Anziehen.

Älven. Fluß. River. Trägt er? Oder nur zum Hineinstürzen? Die Brücke. Die Schienen, das Netz mitmenschlicher Verwobenheit. Das Band. Der Strick. Zum Emporklimmen in letzter Stunde. Zum Erhängen. Schienen, sich auf Schienen legen, wenn der Schnellzug kommt. Der Schnellzug nach Malmö. Gävle. Kiruna. Det går runt och runt och runt, »es geht rund und rund und rund«. Jetzt: Bettkante. Und jetzt: Bettkante. Und jetzt: Bettkante. Wer wagt den nächsten Augenblick, wer o Herr wer.

Wohl schon der zwanzigste Autobus. Alt, graue Haare schon, und nichts, nichts gelernt. Fünfzig deutsche Brocken, englische Brocken, spanische Brocken, schwedische Brokken, das ist alles, tragen nicht mehr, han är väl sjuk, »er ist wohl krank«, han har väl kollapsat, zusammengebrochen – wodurch hindurch zusammengebrochen, durch was hindurchgebrochen, was trug denn bis zu diesem Augenblick, was trug? Schlechtes Deutsch, schlechter Zusammenbruch. Noch heute sterben sie an den Folgen der Hiroshima-Bombe, wurden damals nicht direkt getroffen, krepierten nicht gleich. Ich kam ja auch nicht nach Auschwitz damals, wurde nicht direkt getroffen, jetzt kann mich kein Engländer, Russe, Amerikaner mehr befreien, auch kein Deutscher mehr, Auschwitz ist ein schöner Gedenkpark heute.

Soso, sitzt auf deiner Bettkante, spielst dich als Auschwitzopfer auf. Zieh dich an.

Anziehen! KLÄ PÅ DIG!

Aber bitte, bitte nur noch ein paar Minuten weiter auf dieser Bettkante sitzen bleiben dürfen, lieber toter SS-Henker. Bitte, bitte Herr Korrekturchef Erikson. Låt mig sitta kvar, bitte mich nicht anrühren, inte nu, två minuter noch, nur zwei Minuten noch hier weitersitzen, auf der Bettkante, oder etwas länger, vielleicht trägt sie noch etwas länger, die Bettkante, die zwei Minuten sind ja auch schon fast vorüber, sicher wird sie noch eine Minute tragen, die Bettkante, noch zwei, drei, fyra, fem – fem – fem – fem

Vier Sätze

1980

1. Allegro

Berlin, 10. September
»Zurückgekehrt«: ein großes Wort. Auch der Taxifahrer sah mich etwas erstaunt an: »Det iss schon so'n bißchen jewacht bei dem Alter.«

Aber kleinere Aufträge sind mir ziemlich sicher, das stellten ein paar Verlage schon brieflich nach Schweden in Aussicht. So etwas muß doch mindestens fünfhundert Mark im Monat abwerfen, und auf dem Grundstock sollte man weiterbauen können, als freier Mitarbeiter.

Auf jeden Fall gibt es jetzt keine Rückreise mehr wie früher, wenn ein paar Absagen kommen sollten. Ich *bleibe*. Zum Donnerwetter nicht nochmal, ich habe ein Recht darauf, in diesem Land zu bleiben.

Die große Kiste wird wohl erst in einer Woche ankommen, mit meinen Büchern und allem anderen. Kam gestern abend an in Westberlin, fand eine billige Pension, ging abends noch durch unsere Straße, Vaters Todestag. Heute morgen im Badezimmer darüber nachgedacht, wie es denn möglich sein kann, daß vierzig, fünfzig Jahre Exil wie weggeblasen sind, wie ein flüchtiger Traum, dem man beim Rasieren ein paar Minuten lang nachgeht – Spanien? Schweden? Lächerlich! – und dann beim Kämmen oder Schuhanziehen auf immer vergessen hat.

Wie kann denn so etwas möglich sein.

Jetzt in einer Konditorei, Café und Konditorei Schuhmann, beim Frühstück. Brötchen, Kindheitsbrötchen am frischen Morgen, Frühling des Tages. Wie alt bin ich? Draußen vorm Fenster meine alten Akazien: die Bäume etwa dreißig Jahre alt, ganz wie damals. Da, langsam segelt ein Akazienblatt auf den Berliner Asphalt, quer auf den Gully – Gully! Wie man das Eisengitter fühlte damals, als man mit dem Dreirad immer wieder über ihn fuhr, hin und her, über den Gully.

Wo dir die Dinge etwas sagen, da ist Sprache, da bist du zu Haus.

Aber du solltest etwas vorsichtig sein in deiner Euphorie. Nicht jeder in diesem Land ist glücklich, nicht jeder ist hier zu Haus. Sei vorsichtig mit deinem Brötchen-Glück, das kann andern auf die Nerven gehen, du solltest das beachten.

Komisch, daß ich wieder »du« zu mir sage. Wie habe ich mich denn in all diesen Jahren angeredet?

Überhaupt nicht?

Fängt das Leben denn erst an? Immer noch zwanzig wie damals in Berlin?

Sei vorsichtig in deinem Glück. Hinter deinem Rücken sind neue Akazien herangewachsen, eine neue Generation von Menschen, du hast keine Ahnung, wie sie aussieht, sie weiß nichts von dir: Das Exil eines Menschen seit 1933 wird sie heute nicht mehr sonderlich interessieren, sie werden's nicht mehr verstehen können.

Oder können sie es doch? Sind nicht auch andere allein, entfremdet, isoliert?

Vor den Akazien kam gerade jemand vorbei, im Rollstuhl.

Jeder hat sein eigenes Exil.

Wie das Exil eines Schriftstellers aussieht, das hat Kurt Tucholsky gesagt, ein für allemal, als er die Tabletten schon genommen hatte. Es war die letzte Zeile seines letzten Briefes, zehn Worte: »Die Brücke, das innere Glied, die raison d'être fehlt.«

Wie habe ich sie denn verdient, die Brücke jetzt, die raison d'être?

Einmal, es war zehn Minuten von hier, ich war wohl sieben oder acht, kam Kurt Tucholsky zu uns herauf. Er brachte einen Spieldruckkasten für mich mit, so einen mit grauen Gummibuchstaben. Merkwürdig, fünfzig Jahre lang hab ich nicht mehr daran gedacht.

Er schrieb einmal, es gäbe ein Land, nur eines, gut oder schlecht, vielleicht sogar schlechter als alle anderen, aber nur eines, zu dem wir »Du« sagen.

Deutschland.

Heimatduselei? Wer das sagt, versteht nicht.

Selbstporträt, Berlin 1932

Die Leute sagen, Deutschland sei ganz anders geworden, ich würde es nicht wiedererkennen. Nun, hoffen wir das. Zu meiner Zeit gab es hier sechs Millionen Arbeitslose, in der Inflation kosteten diese Brötchen eine halbe Billion Mark, das Land war krank, und dann kam Hitler. Mutter ging mit zum Bahnhof, reichte mir noch einen Apfel durchs Zugfenster, sah da unten auf dem Bahnsteig so klein, so jüdisch aus, einer spuckte sie an.

Die Leute fragen oft, warum ich denn in dieses Land zurückkehre, wo uns die Deutschen so viel angetan haben.

Mein Gott, was soll ich da antworten. Ich *bin* ein Deutscher.

Deutschland ist anders geworden – hoffentlich. Ich kenne es noch nicht. Aber ich darf es kennenlernen, Mitbürger sein, vielleicht auch ein wenig mithelfen, dieses Land anders zu machen, als es damals war. Ich darf arbeiten.

Ich glaube, es gibt kein größeres Glück. Ich habe meine Sprache wieder.

Sprache besteht nicht aus Worten.
Sprache besteht
aus dem Echo der Dinge,
die du mit Freunden
teilst.

– auch wenn sie nicht zur Stelle sind, die Freunde. Fontane sah diesen Himmel, und Rosa Luxemburg, Käthe Kollwitz, Heinrich Zille, Döblin, Liebermann, Bruno Walter – ich bin geborgen: darf wieder anfangen, wo ich aufhörte mit meinen Zwanzig damals, darf endlich altern, wie es sich gehört.

2. Adagio

Hamburg, 8. Oktober
Auf einer Bank in den Anlagen. Warmer Herbsttag, schöner Blick auf die Alster.

Fast schon einen Monat in der Bundesrepublik. Versuche, Arbeit in verschiedenen Städten zu finden, zur Zeit in Hamburg. Bei meinem Alter kann man ja kaum mehr mit einer Anstellung rechnen, werde mich aber wohl mit freier Mitarbeit über Wasser halten können, habe schon ein paar kleinere Übersetzungen, es wird schon gehen.

Wie wenig sich verändert hat seit meiner Zeit, seit den zwanziger Jahren! Die Dinge der Kindheit, alle noch da. In den Läden Dr. Oetkers Götterspeise, auch Bahlsen-Keks, sogar noch Kognakbohnen und Pflaumenkuchen, Mohnkuchen sogar, und an der Litfaßsäule Nivea-Creme und Konzertprogramme mit Gustav Mahler und Max Reger.

Nein, ich vergesse. Es war einmal anders. Ich habe die Trümmer nicht erlebt. Bilde mir ein, diese Dinge seien *noch* da, aber in Wirklichkeit sind sie *wieder* da. Wieder: Woran sollte man denn auch sonst beim Wiederaufbau anknüpfen? An Hitler doch nicht. Eben an meine Zeit, an die Weimarer Republik, mit Bahlsen-Keks, Stresemann und Gustav Mahler. Merkwürdig: Ich freue mich darüber, daß sich seitdem so wenig verändert hat – und die jungen Leute, besonders die linken, finden diese Bundesrepublik bis zum Erbrechen bürgerlich und reaktionär . . .

Fand ich das nicht damals auch? Merkwürdig: Da komme ich aus einer längst vergangenen Zeit und höre bei den jungen Leuten die Gedanken meiner Studentenjahre und fast die gleichen Protestlieder, ganz so radikal und ehrlich empört wie damals, und oft auch wieder ganz so verwöhnt und salonkommunistisch wie damals bei der schicken Oberschicht-Jugend aus »Berlin W«.

Und die Mädchen ebenso jung und schön und keß, ebenso

romantisch sentimental und unromantisch emanzipiert wie damals, ebenso altmodisch und progressiv, dieselbe bezaubernd unlogische Mischung wie diese ganze Stadt. Sie scheinen mir sogar mein deutsches Alter anzusehen, sie gukken mich so an, als merkten sie mir mein Studentenalter an, über das ich immer noch nicht hinausgewachsen bin. Bin eben »zurückgeblieben«, in jedem Sinne vielleicht.

Oft fragen die Leute, warum ich denn zurückgekehrt sei, in Schweden könne man doch sicher recht gut leben. Viele von diesen Leuten sind selber ein paar Tage oder Wochen dort gewesen, haben gezeltet, gebadet und getanzt und haben das Land sehr schön gefunden.

Was soll ich antworten? Wie kann man Touristen klarmachen, was Exil ist?

Doch, doch, antworte ich, Schweden ist ein wunderschönes Land, nur sind die Schweden eben etwas still und einsam, sie leiden sogar selber darunter. Wie dann erst ein Fremder, der Kontakt im neuen Lande braucht. Wie dann erst ein Schriftsteller, der Kommunikation braucht wie Luft zum Atmen.

Die Leute hören mir etwas ungläubig zu und meinen, ich würde in der Bundesrepublik noch viel Schlimmeres erleben. Besonders die Jüngeren sagen das, auch wenn sie nicht ausgesprochen links stehen. Die Bundesrepublik sei amerikanisiert, sagen sie, manipuliert und obendrein noch halbfaschistisch.

Vielleicht bin ich ein unverbesserlicher Bürger, aber meine Eindrücke sind anders. Wenn ich an das Deutschland meiner Studentenjahre denke, so um 1930 herum, dann muß ich sagen: Dieses Land ist besser geworden, viel besser. Ich weiß nichts von der DDR. Die Bundesrepublik jedenfalls ist ein freundlicheres, ein zivilisierteres Land als es meines damals war. Zugegeben, materialistisch und kommerzialisiert. Aber es muß ja nicht immer gleich ums Höchste gehen, um das von Deutschen zu allen Zeiten, auch zur Hitlerzeit, so oft und gern im Mund geführte Wort »Kultur«. Fangen wir doch erst einmal auf etwas bescheidenerem Niveau an, mit dem, was man in England »civilization« nennt. Das Wort meint Mitbürgerlichkeit und Alltagsanstand, sozialen Zusammenhalt und Sinn für das Maß. Fangen wir doch damit an.

Und wir *haben* damit angefangen. Der bitterböse Ton haßerfüllter und gequälter Menschen, dieser böse aggressive Ton um 1930, der ein 1933 gebar, die »alten bösen Lieder«, das alles scheint doch inzwischen ein wenig milder geworden zu sein. Zivilisierter. Bei den meisten.

Heute morgen, im Hamburger Hauptbahnhof zum Beispiel. Ein Dutzend Leute in der Schlange vorm Fahrkartenschalter. Etwa die Hälfte sagte »Lübeck«, »Kiel«, »Ahrensburg« oder was es nun war, und die andere Hälfte sagte »Lübeck bitte«, »Kiel bitte«, »Ahrensburg bitte«. Die mit dem »bitte« waren meist junge Leute. Die älteren hatten oft noch den Ton aus meinen Tagen, den bitterbösen.

Es ist eine winzige Kleinigkeit, eine Lappalie, dieses »bitte«. Aber kleinste Ursachen können gigantische, millionenfach verfluchte Folgen haben. Wo Menschen zum Umgang mit Menschen erzogen werden, da ist Zivilisation, da ist ein bißchen mitbürgerlicher Anstand. Der kann viel Böses verhindern. Auch Gaskammern. Ja, auch Gaskammern. Unsere »Kultur« konnte sie *nicht* verhindern.

Die Sache ist ernst, in jedem Sinne: todernst. Ich sehe zurück. Ich kann vergleichen. Und ich meine, Deutschland ist besser geworden. Das zu sagen, immer wieder zu sagen, und zu mahnen, zu ermuntern zu diesem Besseren, ist Pflicht für einen, der vergleichen kann. Ich bin stolz auf diese Pflicht.

Noch lauert der bitterböse Ton unter der Oberfläche, jeden Tag kann er wieder hervorbrechen. Ich höre ihn noch oft genug, heute morgen zum Beispiel, von einem Mann in jener Bahnhofsschlange, als ein Langhaariger an ihm vorbeiging. »Hängen sollte man die!« sagte er, und: »Unter Hitler war wenigstens noch Ordnung!«

Ach, wie gut ich diesen Ton kenne. Ein paar schwere Krisen, Massenarbeitslosigkeit, Inflation, und dieser Ton mag wieder der deutsche sein. Er darf nicht wiederkommen. Darum geht's in diesem Land. Es geht um den Sinn für das Maß, der uns so lange fehlte. Wer ihn untergräbt, von rechts oder von links oder von einer lauen Mitte, der begeht das größte Verbrechen, das in diesem Land begangen werden kann.

3. Andante

Köln, 10. November

Wieder ein Monat vergangen. Wohne seit zwei Wochen in einem Loch in einer Kölner Vorstadt, eigentlich ein Kellerloch. Aber noch ist es ja relativ warm draußen.

Die Miete ist niedrig, eine bessere Unterkunft kann ich kaum mehr erschwingen, auch ist meine mitgenommene Geldreserve praktisch zu Ende.

War gestern in Bonn, wollte mit maßgeblichen Leuten dort sprechen, kam meistens nur an kleinere Beamte heran, einmal aber an einen Oberregierungsrat, persönlicher Referent eines sehr hohen Tiers, Vizepräsidentin des Bundestages. Alle fragten, ob ich denn nicht eine Wiedergutmachung erhalten habe. Ich verneinte, sie fanden das empörend, aber das war auch alles.

Dann fragten die Leute in Bonn, warum ich denn nicht schon früher zurückgekehrt sei. Da mußte ich ihnen wieder von allen meinen früheren Rückkehrversuchen erzählen, den immer wieder vergeblichen. Das tat ihnen denn auch leid. Sie waren überhaupt sehr nett, die Leute in Bonn, aber Arbeit konnten sie mir nicht geben, auch der Oberregierungsrat nicht, der von dem hohen Tier, aber er wolle mit ihr sprechen, sagte er.

Nun, ich habe im Augenblick eigentlich genug zu arbeiten – wenn ich nur davon leben könnte. Vielleicht geht's, wenn ich mich sehr einschränke. Vor allem darf ich nicht krank werden, bin nicht versichert in dieser freiberuflichen Arbeit.

Meine Arbeitsaufträge sind Übersetzungen. Tippe gerade auf dem Nachttisch dieses Kellerlochs eine Übersetzung aus dem Schwedischen. Göran Schildt heißt der Mann, soll ziemlich bekannt sein hier, schreibt über seine schönen Kreuzfahrten mit seinem schönen Segelboot in Griechenland, in der Ägäis. Bin gerade bei einem Kapitel, in dem er sein großes Boot von griechischen Tagelöhnern ausbessern und neu anstreichen läßt. Die Schweden segeln nun einmal gern, wie ich nun einmal gern schreibe. Aber ach, die zu übersetzenden Worte, die sind wie eine Rache des Segelboot-Schweden am Großstadt-Intellektuellen, an mir: Klüverbaum, Fockmast, Bugspriet, Kabelgatt, Stampfstock. Oft dauert es eine halbe Stunde, bis ich solch ein Wort, ein einziges, aus Enzyklopädien und Handbüchern zusammengeklaubt habe. Hab mir ausgerechnet, daß ich bei diesem Tempo dreißig bis vierzig Pfennig die Stunde verdiene.

Aber es wird schon schneller gehen mit der Zeit. Werde schon warm werden in den Kleidern. Bin nur noch so unsicher in der Sprache, auch sonst. Beim Zeitungslesen verstehe ich kaum eine aktuelle Anspielung, bei Witzzeichnungen fast nie die Pointe – wie früher, als Kind. Na ja, ich muß eben wieder groß werden.

Bestellte »Thüringer Bratwurst« gestern in einer Kneipe. Das Wort war mir seit frühester Kindheit vertraut, aber was das eigentlich war, so eine Thüringer Bratwurst, das hatte ich vergessen. Als ich sie dann vor mir sah, sie roch, sie aß, da füllte sie sich nach und nach mit Inhalt, altbekannt wie eh und je, ich mußte lachen: Langsam füllte sie sich wieder mit sich selber, fast mit *mir* selber: war wieder da.

Sprache ist Inhalt, ist Zuhausesein. Dieses Glücksgefühl, wenn sie einem allmählich wieder anwächst. Wird schon schneller gehen mit der Zeit, wenn nur das Geld reicht. Durchhalten.

Es fällt schwer manchmal. Erinnerungen steigen auf. Verscheuche sie. Es sind vielleicht nur Reflexe, Spiegelungen des Exils, Phantomschmerzen.

Wenn nur mein Kamerad durchhält, meine alte Adler-Schreibmaschine. Die Walze ist beim Transport aus Schweden arg beschädigt worden, angebrochen, aber noch hält sie, wenn man ganz vorsichtig anschlägt und ein paar Großbuchstaben mit der Hand einzeichnet.

Es gibt zwei Selbstverständlichkeiten. Die eine: Ein alternder, zuversichtlich zurückkehrender Emigrant verstummt in seinem Kellerloch, aufgehängt vielleicht, und jedermann wird sagen: »Es konnte ja gar nichts anders kommen.«

Die andere Selbstverständlichkeit: Derselbe Mensch bekommt Arbeit, ja wird in seinem Land *gebraucht,* als Lehrer vielleicht oder gar als Schriftsteller, er lebt wieder auf. Und jedermann wird sagen, »Es konnte ja gar nicht anders kommen«.

Jeder von uns lebt in einer dieser zwei Selbstverständlichkeiten oder schwebt zwischen ihnen, hin und her. Vereinsamt, verzweifelt, oder auch getragen von seiner Mitwelt, aktiv in ihrem Getriebe.

»Getriebe«! Das klingt sehr äußerlich. Warum habe ich mich nie zur letzten Weisheit durchgerungen, zu Gleichmut und Resignation? Ich könnte ja jetzt in Schweden mit irgendeiner Sozialunterstützung den ganzen Tag spazieren gehn, ja *segeln* sogar, mit Klüverbaum und Kabelgatt. Warum diese eitle Sehnsucht nach *Arbeit*?

»Es ist alles ganz eitel«, sagt der Prediger Salomo, »es ist alles ganz eitel und Haschen nach Wind.«

Aber dann sagt der Prediger auch, ich kann die Stelle auswendig, er sagt:

»So sah ich denn, daß nichts Besseres ist, als daß ein Mensch fröhlich sei in seiner Arbeit; denn das ist sein Teil.«

Ist es mein Teil?

Ja, ich frage.
Denn noch ist Sprache,
den Freund zu fragen;
noch ist Schweigen
Trauer mit ihm.

Und unsere Tränen,
die bitteren Tränen,
noch sind sie Worte:
sind Sprache, sind Glück.

4. Largo

Berlin, 12. Dezember
Drei Monate jetzt in der Bundesrepublik. Bin von Köln nach Berlin zurückgefahren, hatte meine Bücher hier abgestellt. Die mußten jetzt eingepackt werden.

Wie reift ein Entschluß? Habe ihn mir immer wieder ausgeredet, mir neuen Mut zugesprochen, mir gesagt: Warte, es wird schon gehen. Auch andere haben mir dabei geholfen, der Kneipenwirt zum Beispiel, um die Ecke. Habe viele liebe Menschen in Deutschland kennengelernt. Sogar Geld wollten sie mir leihen, boten mir auch Unterkunft an. Junge Menschen, die ihre eigenen Sorgen haben und für meine nun weiß Gott nichts können. Aber gerade darum: ich muß schon auf eigenen Füßen stehen können.

Wann faßte ich den Entschluß? Ob es in einer dieser Telefonzellen war? Es ist nicht leicht, seine Existenz in solchen Zellen aufzubauen, mitten auf der Straße in der Kälte. Besetzt. Wieder besetzt. Nein, ist auf Dienstreise, kommt in drei Wochen wieder zurück. Neue Nummer, jetzt fallen die Groschen heraus, der Apparat will nicht mehr, draußen vor der Zellentür warten schon andere. Nochmal ganz schnell. Falsch verbunden. Doch, jetzt. Ja, wenn Sie bitte in einer halben Stunde wieder anrufen wollen, Herr Breuninger ist gerade in einer Sitzung.

Die Straße dreimal hinauf und hinunter, das wird ungefähr eine halbe Stunde dauern. Es regnet oder schneit, die nassen Schneeflocken von einst (man war geborgen damals unter der Pudelmütze), es wird dunkel. In den Schaufenstern schon Weihnachtsbäume. Die Schuhsohlen quietschen naß, haben wohl ein Loch, bei jedem Schritt neuen Mut gefaßt. Reifte so der Entschluß?

Nein, ich wollte ja die Schuhe besohlen lassen, wollte bleiben, schließlich hätte ich sie ja auch in Schweden besohlen lassen müssen, und auch die Miete dort ist mindestens so hoch wie für das Kellerloch hier, *deshalb* brauchte ich doch nicht zurück.

War es das Kellerloch? Oder die fünfzehn Stunden Übersetzungsarbeit jeden Tag, à eine D-Mark die Stunde, wenn es hochkam?

Ach, das wäre mit der Zeit schon besser gegangen, da soll man keine übereilten Entschlüsse fassen.

Mein Alter vielleicht. Mit zwanzig kann man sich durchhungern, hab das ja auch getan, jahrzehntelang. Vielleicht kann ich das nicht mehr in meinem Alter und im eignen Land.

Oder war es dieser bleiche Schwede, der sich in meinem Zugabteil fläzte, mit seinem dicken Stipendium von der Deutschen Forschungsgemeinschaft, vom Akademischen Austauschdienst, vom Goethe Institut oder was es nun war?

Dieser bleiche Schwede.

Oder war es das Selbstporträt von Max Liebermann, diese wunderbare Ölskizze, die er uns damals zeigte in seinem Atelier, jetzt plötzlich wiedergesehen wie ein Hohn in dem Springer-Zeitungskoloß in der Kochstraße, in der Klubkantine mit den dicken Ledersesseln, wo ich stundenlang warten mußte auf diesen Redakteur Breuninger, der niemals kam und der mir dann meinen Artikel zurückschickte, ohne Kommentar und ramponiert? Vorgestern war das.

Bin eben wieder Emigrant. Wo? Und wohin? Wann, woher der Entschluß?

Dieser Literaturprofessor gestern am Telefon, der mich auslachte: »*Deutscher Exilautor?* Das hat 1945 aufgehört, Herr Lansburgh, deutsche Exilautoren gibt's heute nur noch aus der DDR, und um die kümmern wir uns schon.«

War es das vielleicht, was den Ausschlag gab? Oder der Brief jener Vizepräsidentin des Bundestages und des Bonner Sprechers des Verbandes Deutscher Schriftsteller? Sie könnten leider nicht helfen, schrieben sie, die Folgen des Exils seien jetzt im Alter letztlich von mir allein zu tragen – nochmal, wörtlich:

»Die Folgen des Ihnen durch die Nazibewegung aufgezwungenen Exils sind jetzt im Alter letztlich von Ihnen allein zu tragen.«

Aber das änderte wohl nichts mehr. Vielleicht genügte schon die Telefonzelle, das Kellerloch und der Literaturprofessor. Die genügten auch für Kurt Tucholsky und tausend andere, die sich das Leben nahmen.

Dem Kneipenwirt kamen die Tränen. Auch seiner Frau. »Verruchtes Deutschland«, schienen sie zu besagen. Aber ich blieb dabei und bleibe dabei: Deutschland ist ein besseres Land geworden, trotz allem. Soll ein noch besseres Land werden, möglichst.

Auch habe ich eigentlich einen Entschluß nie gefaßt. Ich bin nach Berlin zurückgefahren, wegen des Bücherpackens, wie auf Probe. Habe meine Bücher eingepackt, auch den Großen Duden, den Wahrig und meinen Heinrich Heine, der schon Vaters war, hab das alles auf den Güterbahnhof gebracht, unentschlossen. Schrieb ein paar Frachtzettel auf dem Güterbahnhof, schrieb Straße und Hausnummer, schrieb den Ort, schrieb »Schweden«.

Es gibt dort Registerarbeit für Arbeitslose, »Archivarbeit« wie vorher, wie zu Dr. Glaubitzers Zeiten – »Es kommt der Tag«, ach, »Es kommt der Tag« hatte er gesagt. Kann auch mein Zimmer wieder beziehen, rief heute an, von der Telefonzelle aus. Sagte auch, ich fahre heute abend ab.

Daß man so etwas sagen kann, ohne einen Entschluß gefaßt zu haben.

Nahm dann den Bus heute nachmittag, den Neunundsechziger, der früher immer zur Uni fuhr, jetzt zum Bahnhof Zoo, und sagte: »Uppsala . . . bitte.«

»Rückfahrkarte?«

»Nein, einfach . . . bitte.«

Den Entschluß habe ich immer noch nicht gefaßt. Ich weiß nur, daß ich in einer Stunde abfahren werde. Wo nichts trägt, da ist auch kein Entschluß; da sitzt man auf einem Gepäckstück in Berlin wie einmal auf einer Bettkante in Uppsala und fragt – fragt wen? wozu? – fragt nicht einmal sich selber:

Was trägt?

Heimkehr

Jetzt

Wohin Du willst

Doch, Du hast schon recht, bei einer solchen Rückkehr ins Exil bleibt eigentlich nur der Strick. Sicher hast Du ähnliches erlebt – »Jeder Mensch hat ein Exil«.

Und dennoch, wir haben beide überlebt. Wie mag es Dir ergangen sein? Wie es mit mir weiterging, ist schnell erzählt.

Nach der Abfahrt aus Berlin, zwei Tage nach meiner Ankunft in Uppsala, kam ich mit einer ernsten Sache ins Krankenhaus. Es konnte ja nicht anders kommen, Seele und Körper sind eins.

Ich mußte lange im Krankenhaus bleiben und schrieb dort Tag und Nacht (nachts auf der Toilette, um meine drei Bettnachbarn nicht zu stören) – schrieb Tag und Nacht Briefe nach Deutschland, glühende Liebesbriefe an Dich. Die mischte ich, damit Du etwas mehr von meiner Liebe hast als nur mein langentwöhntes Deutsch, mit ganz privaten englischen Sprachlektionen. Wie ich mein Englisch in Schweden lernte, weißt Du ja. Es ist wohl das einzige, was ich Schweden zu verdanken habe, und das konnte ich nun an Dich weitergeben.

Wie wäre es übrigens mit einem Stück Bienenstich? Der ist ausgezeichnet hier, und »hier« ist – hoffentlich paßt Dir das – eine hübsche Konditorei namens »Condi« im Hotel Vier Jahreszeiten, Hamburg, mit Blick auf die Alster. Also Bienenstich? Oder willst Du Dir's erstmal überlegen, und ich erzähle weiter?

»Doosie« nannte ich Dich in diesen englisch-deutschen Liebesbriefen, weil ich nicht wußte, ob ich »Du« oder »Sie« zu Dir sagen sollte. Heute weiß ich es. Und vielleicht weißt Du es auch schon: Dieses Buch an Dich, »Dear Doosie« genannt, hat mich über Nacht berühmt gemacht, Hunderttausende haben es gelesen. Als mein Verleger nach Uppsala telegrafierte, die dritte Auflage sei ausverkauft, bestellte ich ein Taxi, verließ das Krankenhaus, packte meine Koffer und . . . na ja, ich sagte Dir ja schon, wo wir jetzt sind.

Übrigens: Was meinen Bucherfolg betrifft, so muß ich hier ein gutes Wort für den verpönten bundesdeutschen »Literaturbetrieb« einlegen: ich habe nichts, aber auch gar nichts von ihm gemerkt. Kein Massenmedium hat mein Buch »manipuliert«, kein PR-Mann hat die Werbetrommel gerührt, kein Gremium hat einen Kulturpreis verliehen (es soll über sechstausend geben), kein Literaturpapst – einer ist Ehrendoktor in Uppsala, ein anderer in Stockholm – hat auch nur einen Finger für den Mann in Schweden gerührt oder auch nur ein Wort auf seine hilferufenden Briefe aus dem Exil geantwortet. Nur einer hat mich vor dem Strick bewahrt. Der deutsche Leser. Du.

Nein, Du brauchst diese Doosie-Liebesbriefe nicht zu lesen. Es genügt vollkommen, daß ich sie an Dich schreiben durfte und daß Du jetzt ein weit weniger gefälliges Buch in Händen hältst – dieses. Ich danke Dir.

(Doch laß uns jene andern nicht vergessen, die fern von der Vergangenheitsbewältigung deutscher Literaturkritiker einsam und verlassen im Exil verstummen und verenden mußten, trotz aller ihrer Hilferufe. Laß uns das nie vergessen. Klammer zu.)

Nun, wie ist's mit dem Bienenstich? Oder möchtest Du eine Cassata haben, eine echte, direkt auf der Piazza della Signoria in Florenz? Wir könnten eben mal hinfliegen, ich habe weiß Gott Geld genug. (*Dein* Geld eigentlich.)

Oder Valencia? Nur mal schnell nachsehen, ob die Garage noch da ist, die verfluchte, oder der Brunnen von Don Gregorio? Oder – Gott behüte – Mallorca? Nur mal gucken, ob es noch ein Café Alhambra gibt – erinnerst Du Dich? – und eine Kichererbsen-Nonne? Dann auf der Terrasse einen Mokka trinken, wie wir es damals taten – ja, *wir,* Du hast auf allen diesen Seiten mit mir durchgehalten – und wieder zurück hierher, an die Alster oder die Spree, an die Mosel, den Arno, die Themse, den Tiber – wohin Du willst.

Da fällt mir noch etwas ein. Wie wär's mit Uppsala? Liebliches Städtchen, da könnte ich Dir die berühmte Silberbibel zeigen, habe sie selber noch nicht gesehen in all den Jahren.

Oder das Wahrzeichen Uppsalas, das alte Gunilla-Glockentürmchen auf dem Schloßberg, da könnten wir hinaufsteigen, ich würde die Aussicht zum ersten Mal genießen, und Schweden überhaupt, denn – ach, der Strick ist nicht mehr, Du gabst mir meine Sprache, meine Arbeit wieder.

Das wär's. Damit dieses Ende nicht allzu rührselig wird, zum Schluß noch eine Kleinigkeit.

In dem Uppsala-Krankenhaus, von dem ich Dir erzählte, entließ man mich mit einem ernsten Gesicht und sagte, die Sache könne jederzeit wiederkommen.

Das ist, wenn Du so willst, wieder ein Exil, und wenn man die Einzelheiten kennt, vielleicht gar kein so kleines. Aber so ist es eben: Jeder Mensch hat ein Exil. Auch du. Meines ist jetzt tragbar, endlich. Und Deines?

Wir müssen alle sterben. Sicherheitshalber – mir ist fast so, als wäre es mal wieder soweit – laß uns gleich mal nach Uppsala fliegen. Ich zeig' Dir die Silberbibel, den Schloßberg und das Glockentürmchen mit Aussicht auf Stadt und Kathedrale, und wir nehmen unsern Bienenstich aus der »Condi« an der Alster mit – nein, lieber gleich das ganze Kuchenblech für die netten Krankenschwestern hier, die machen uns dann sicher auch einen schönen Alhambra-Mokka. Oder trinkst Du lieber Tee?